This book belongs to.....

....

....

Small preview of what's inside

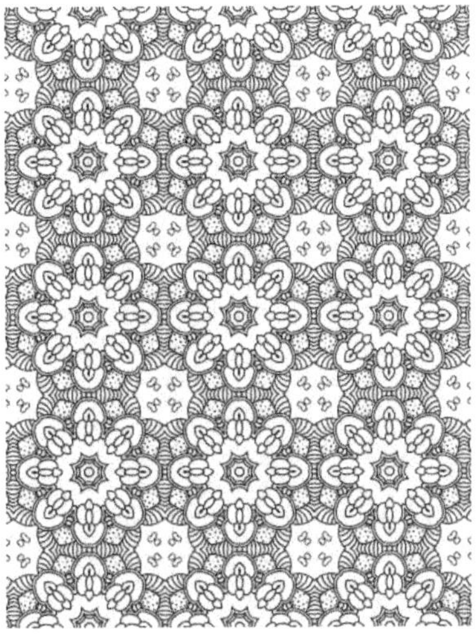
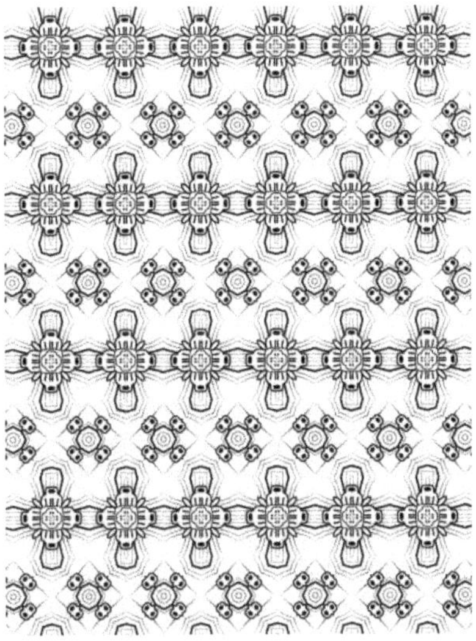
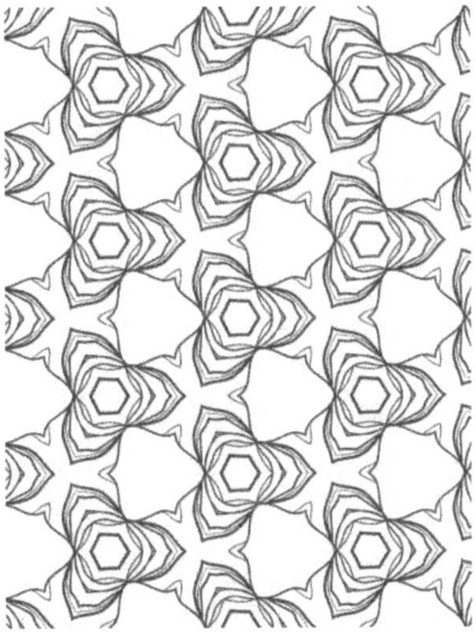
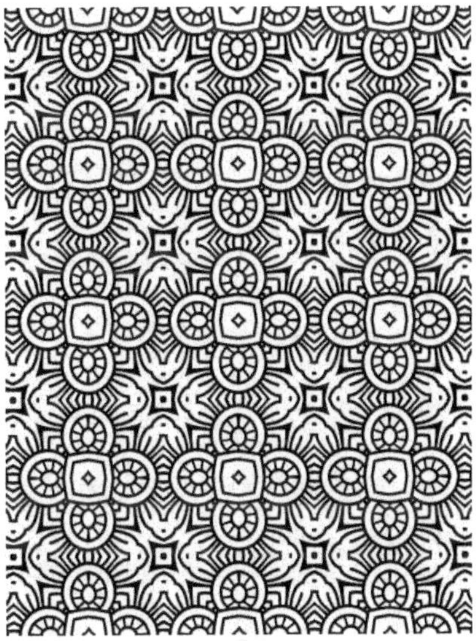
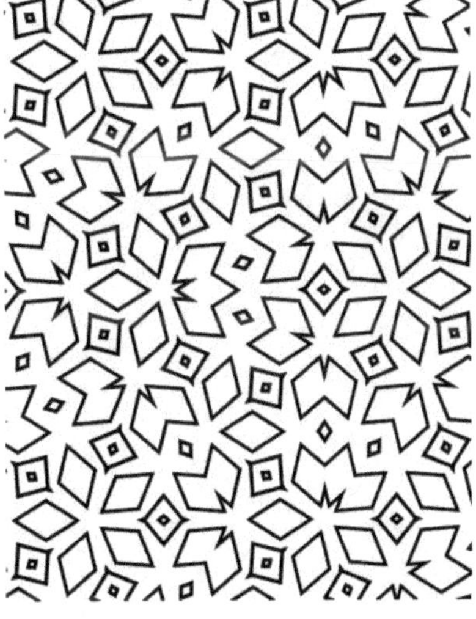
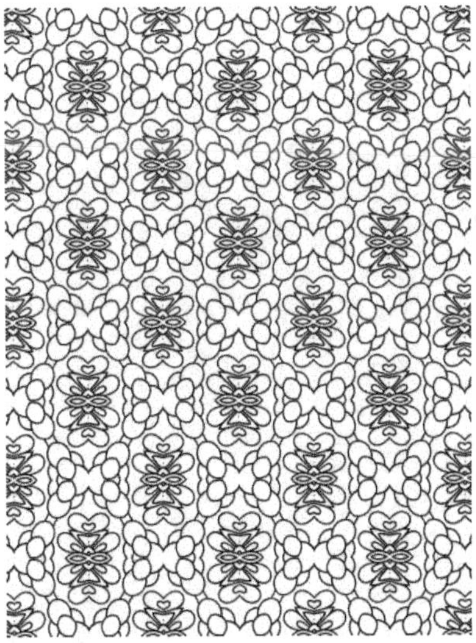

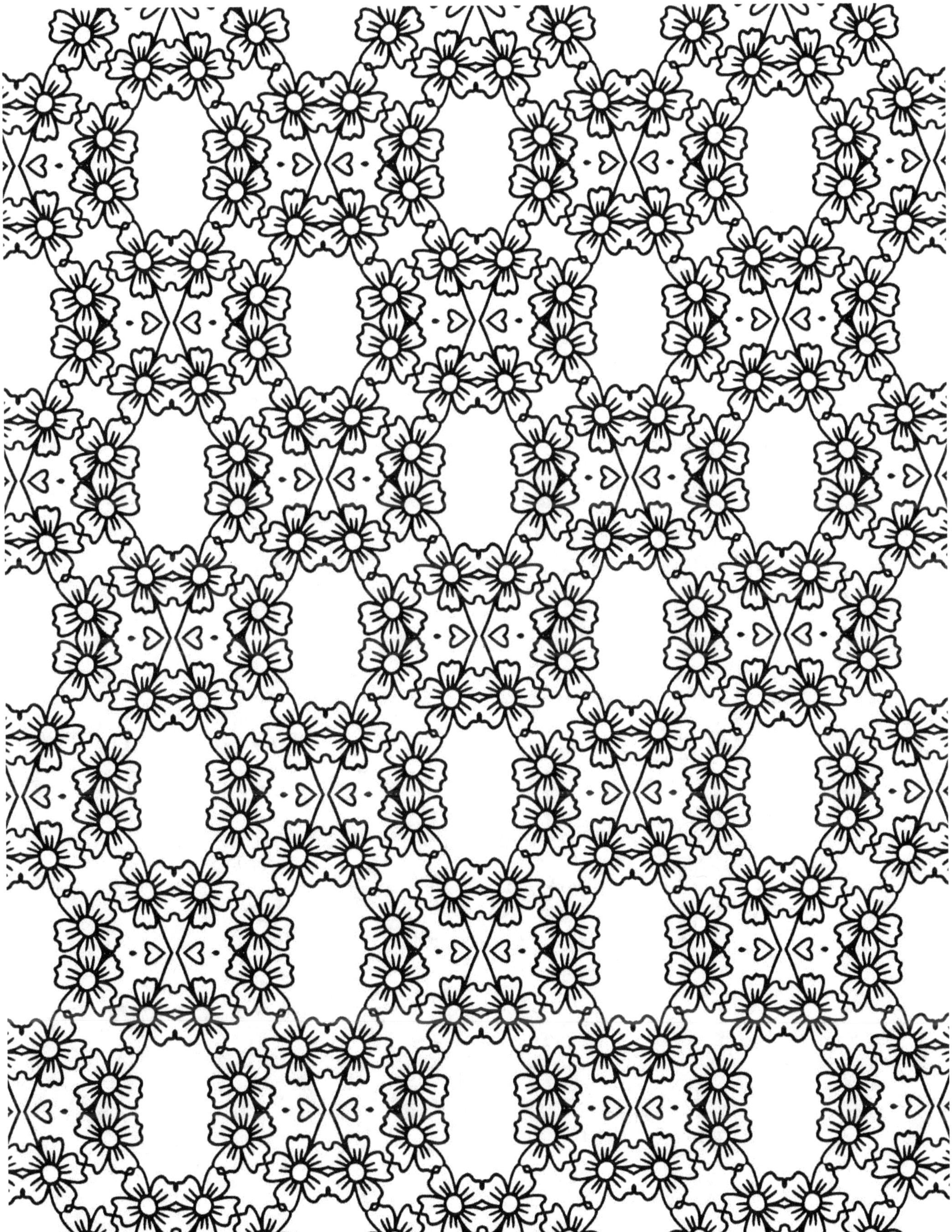

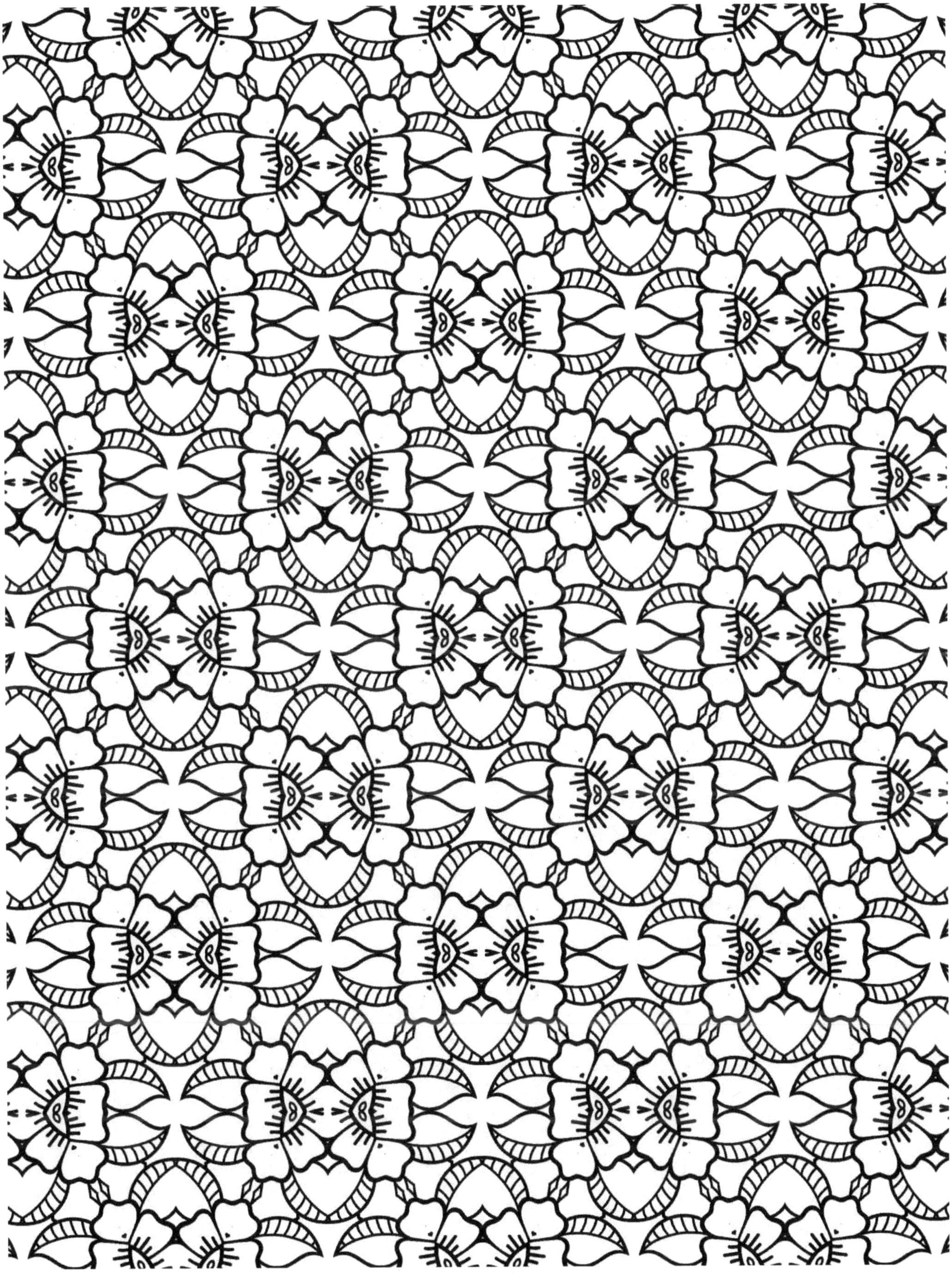

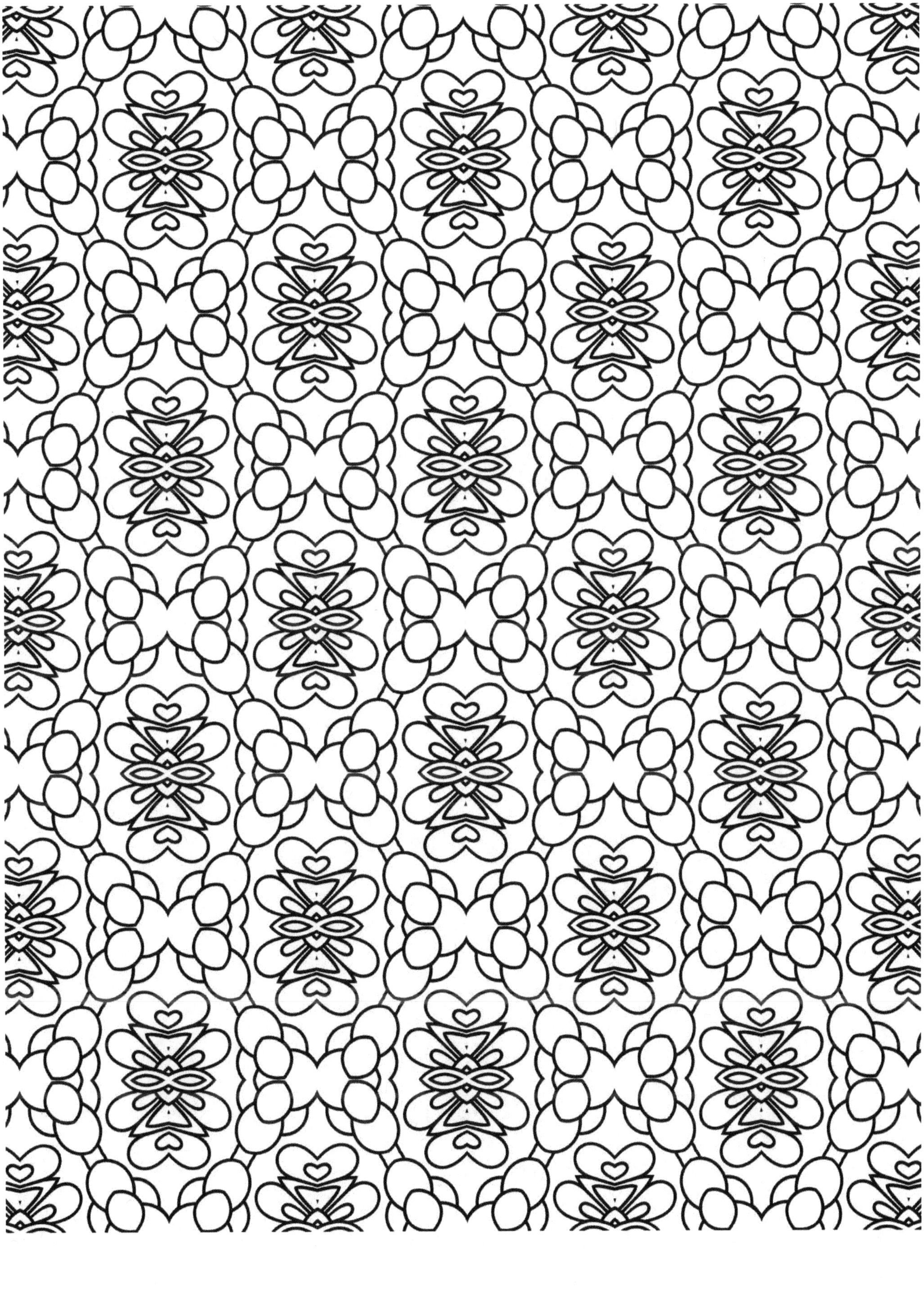

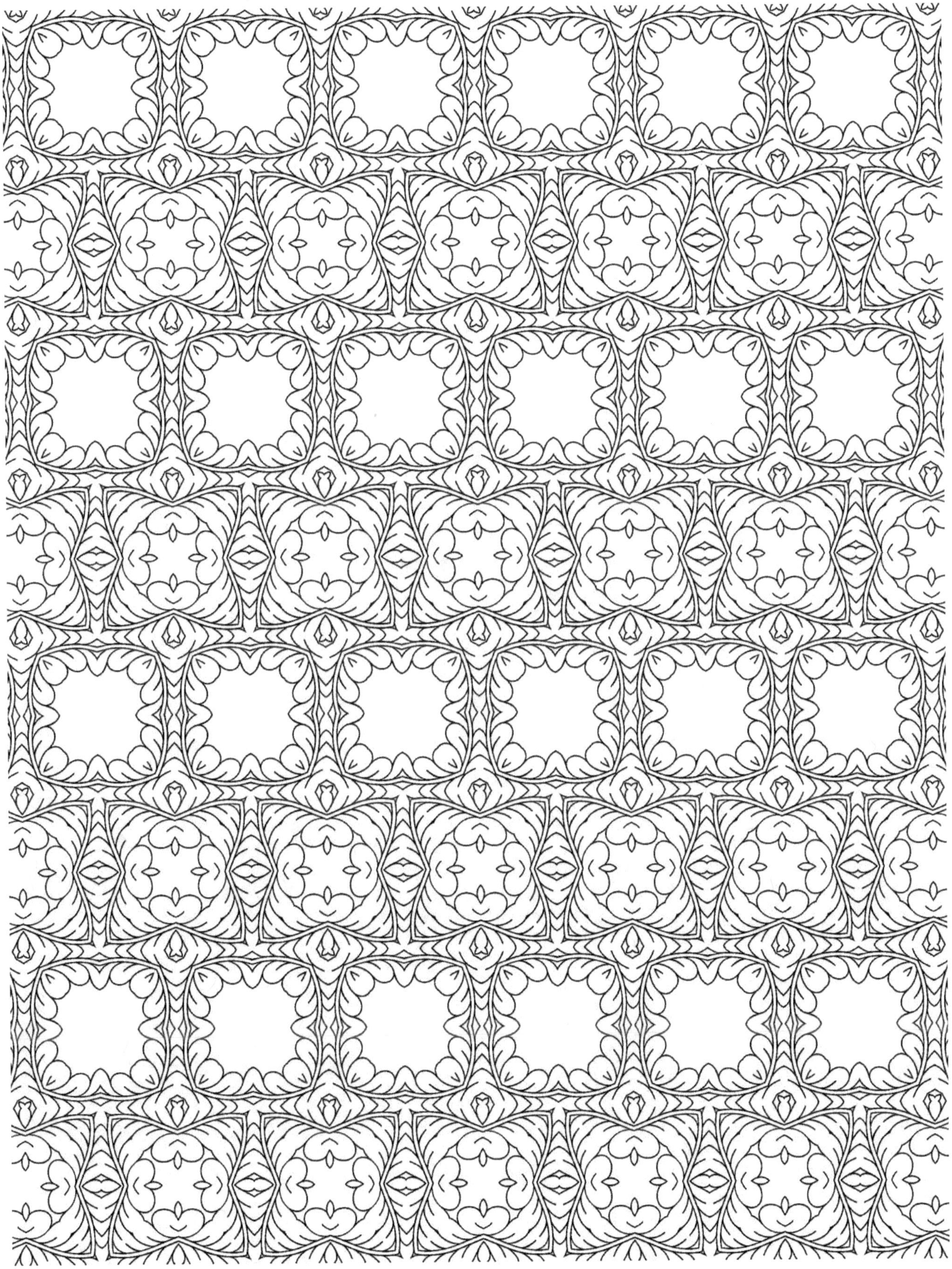

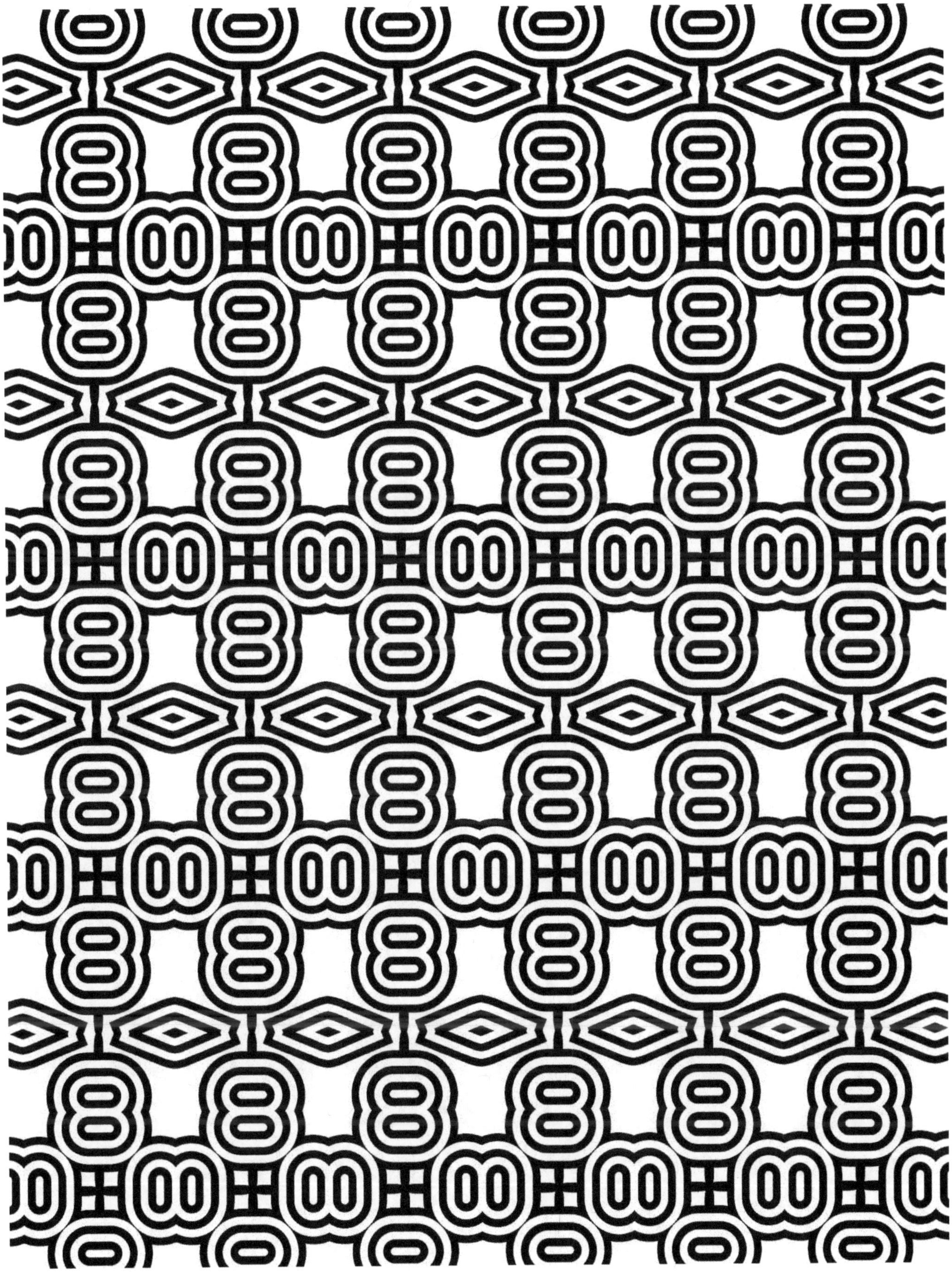

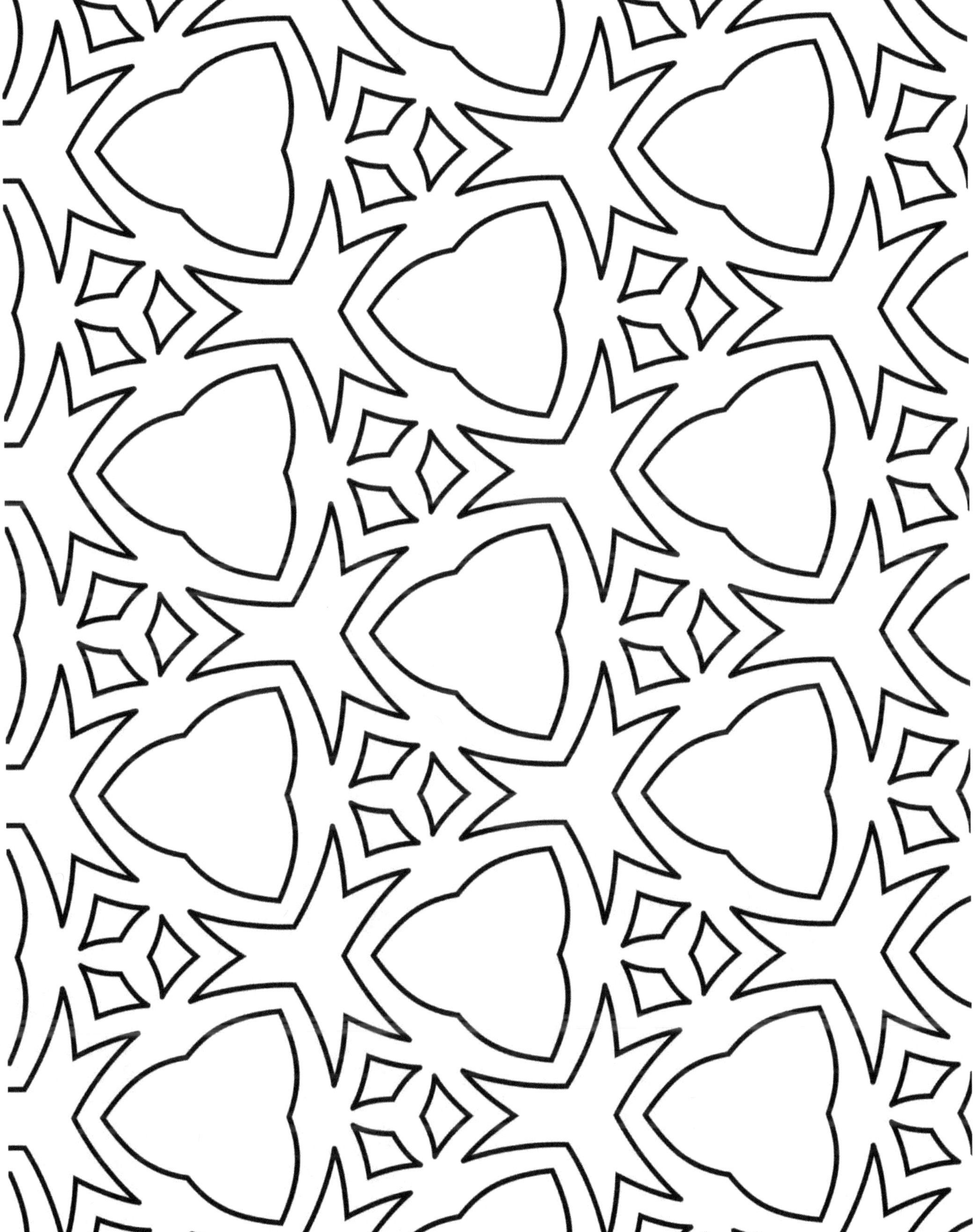

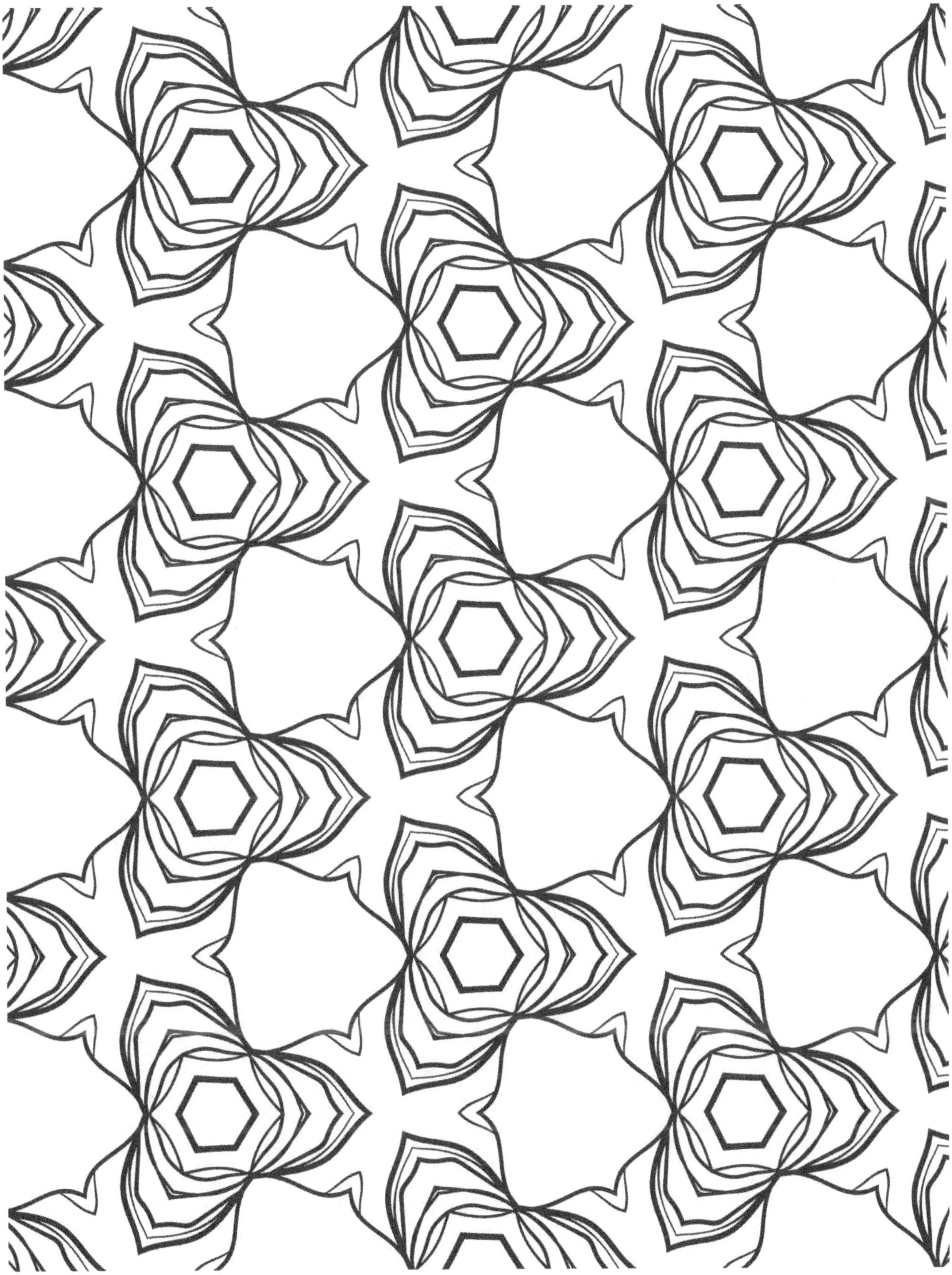

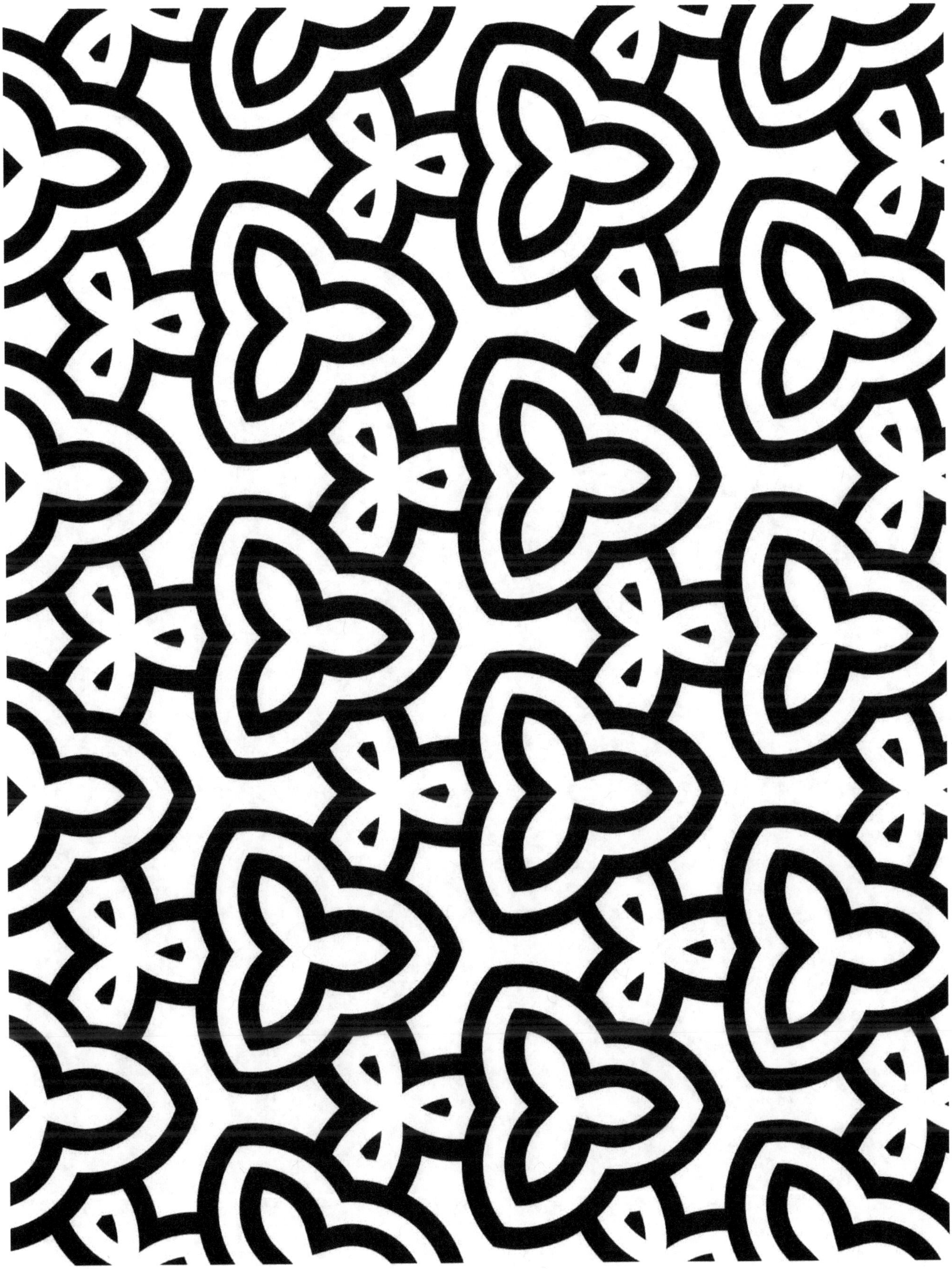

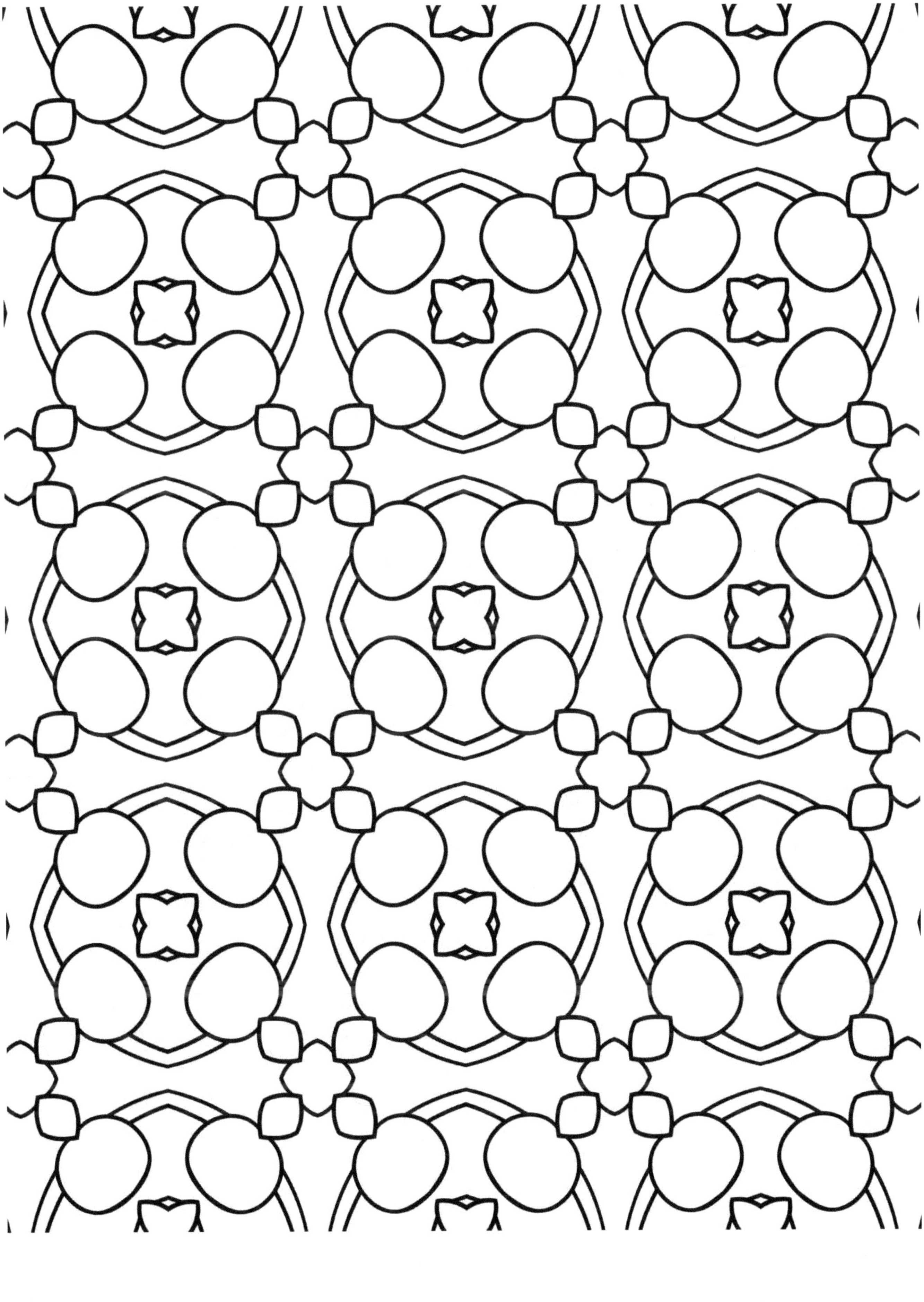

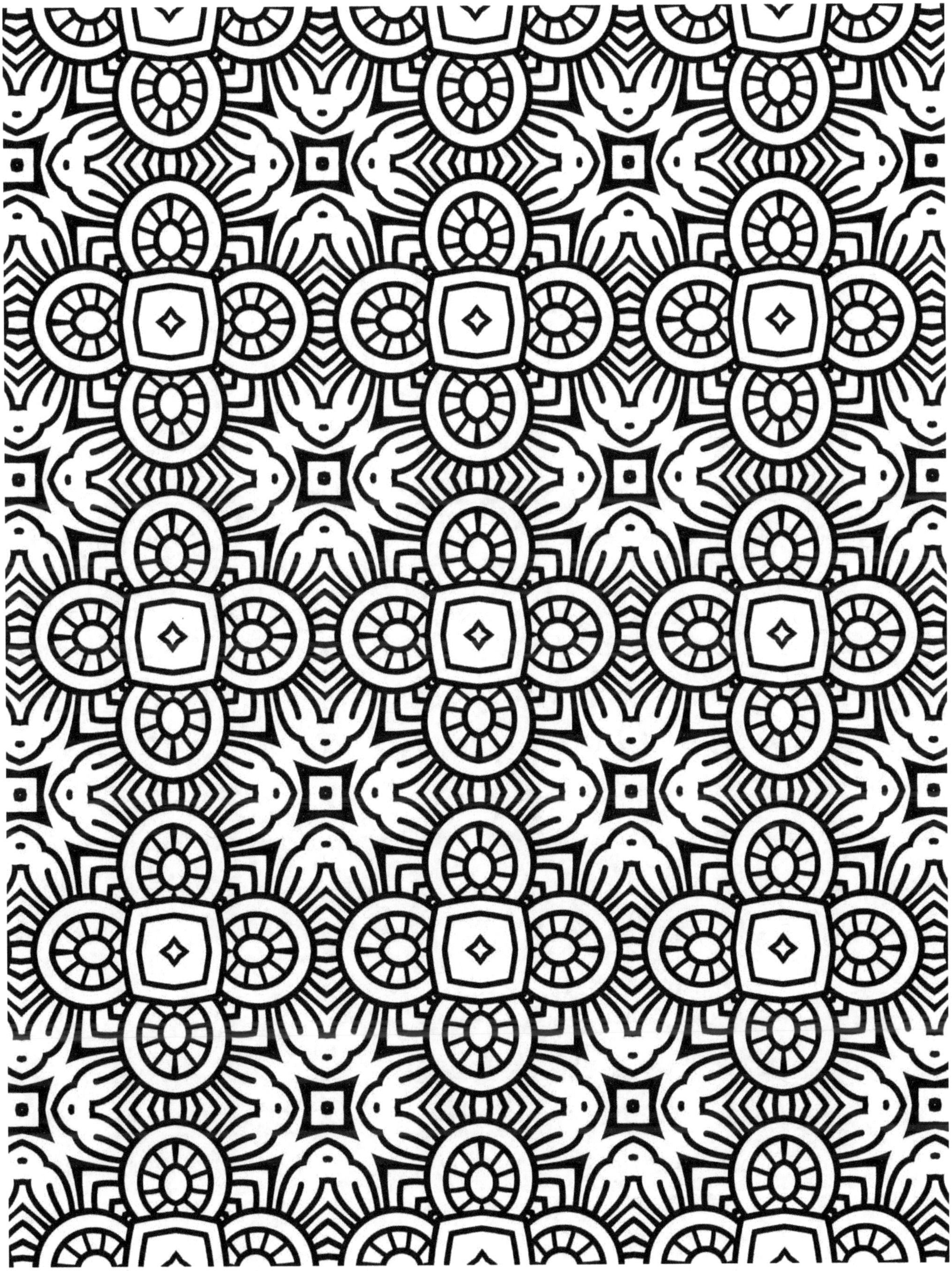

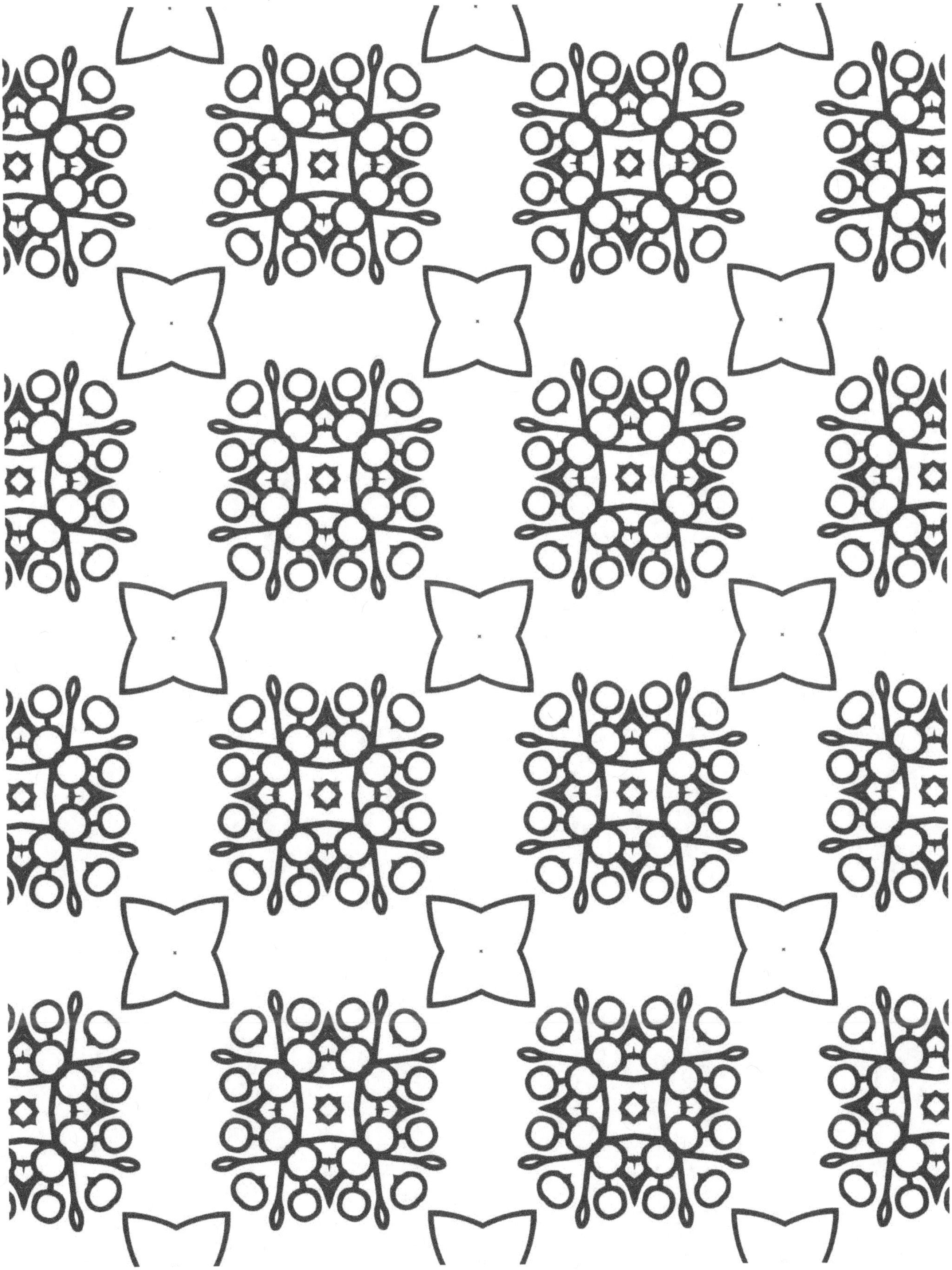

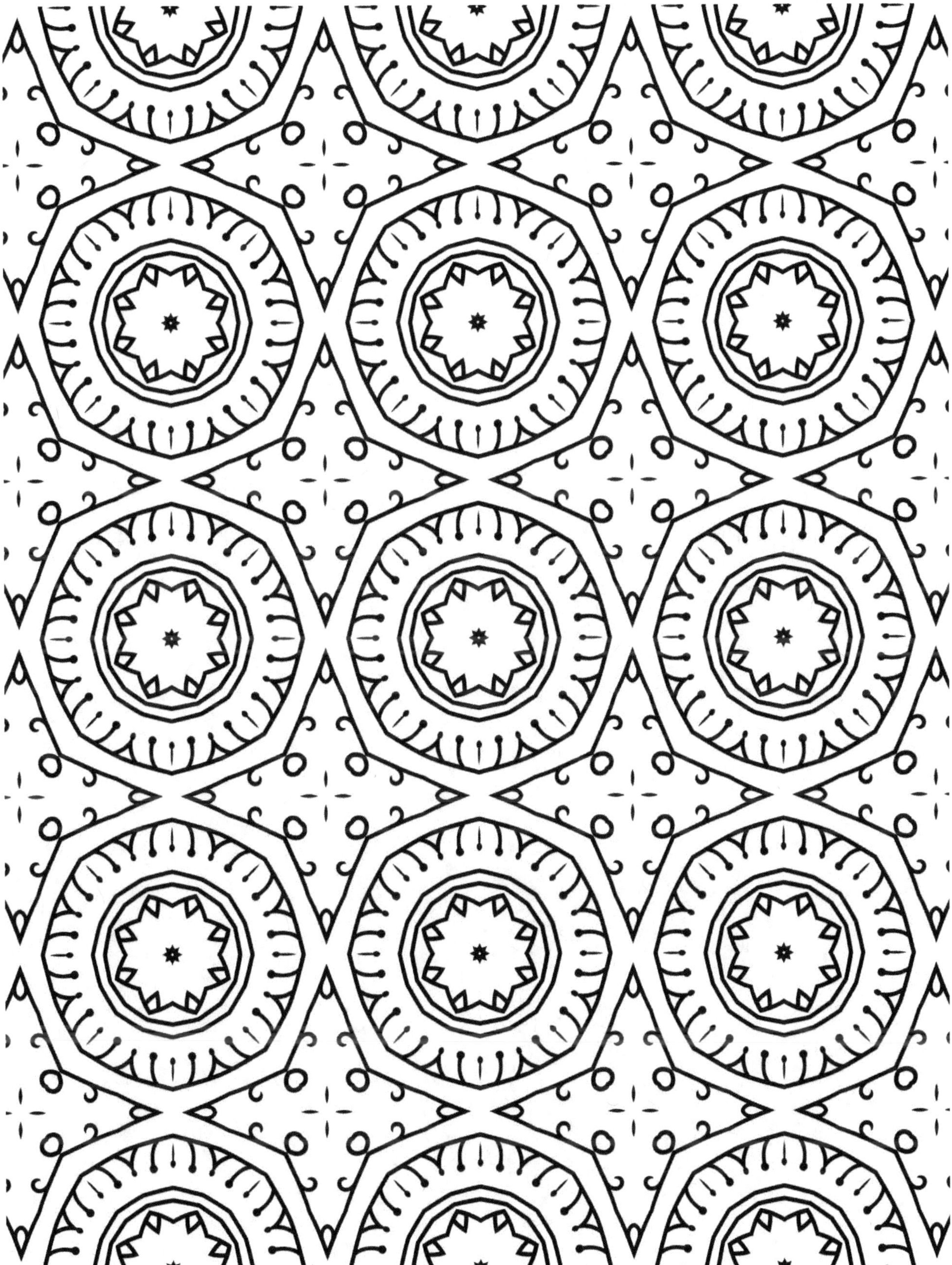

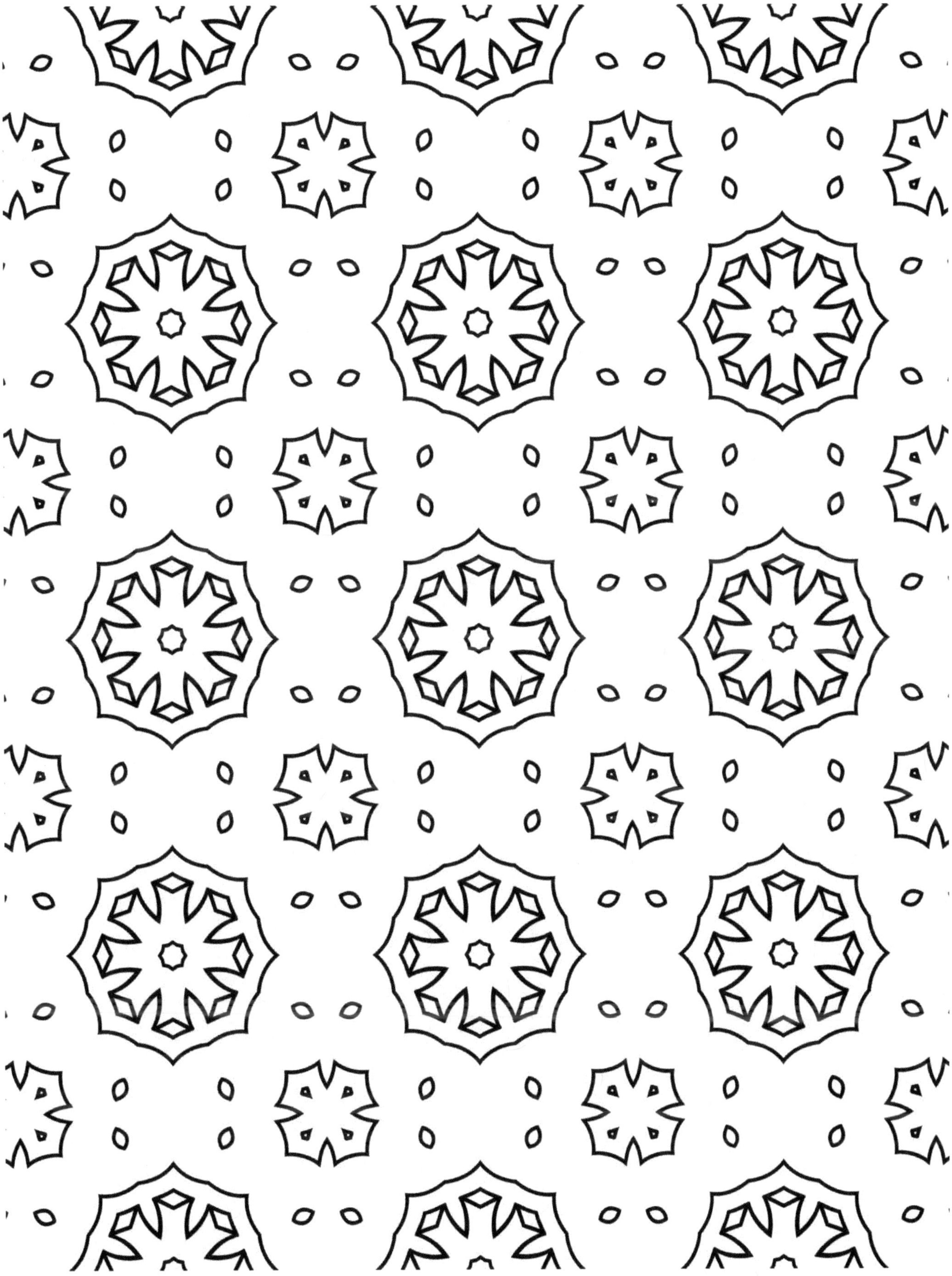

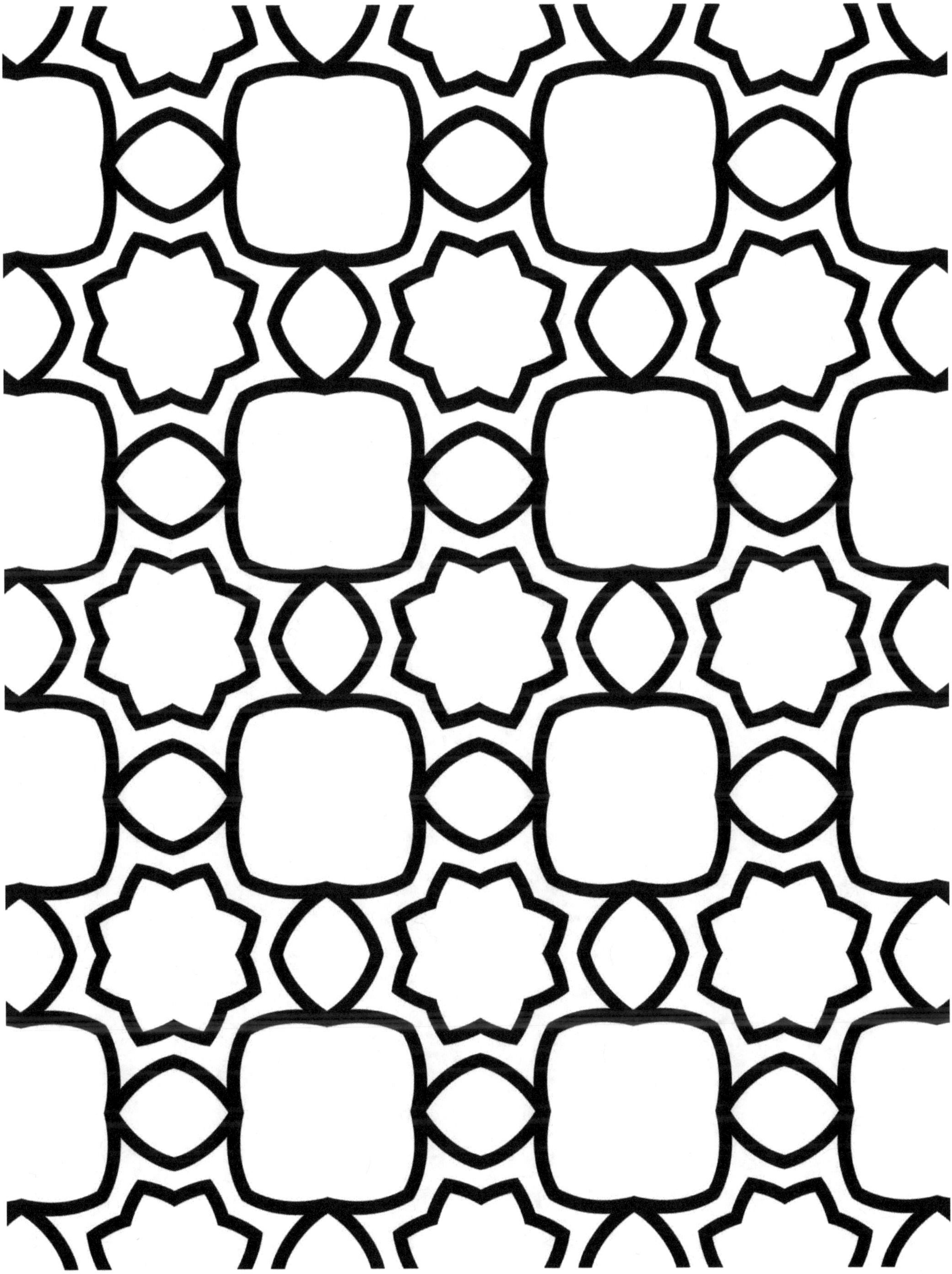

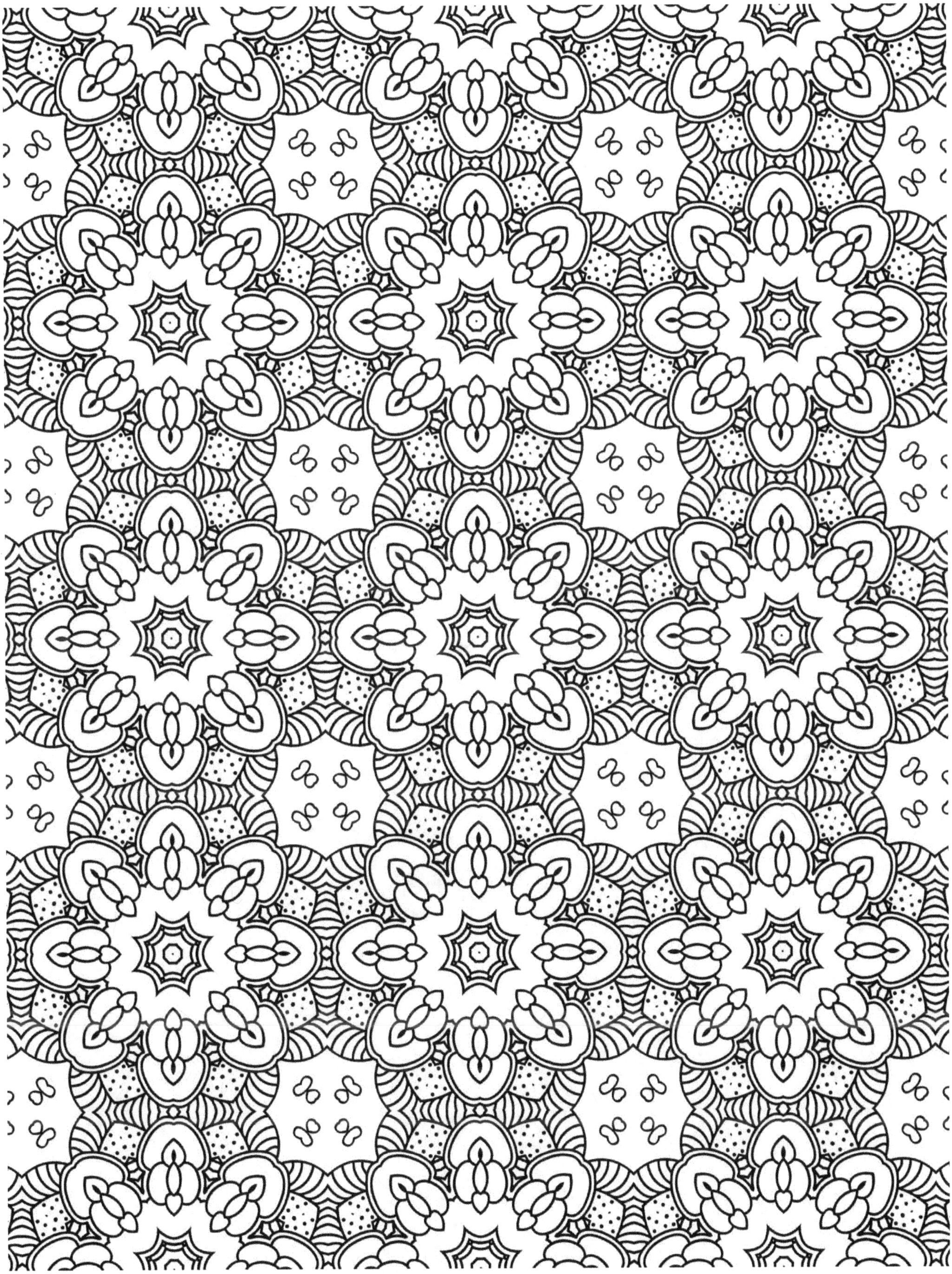

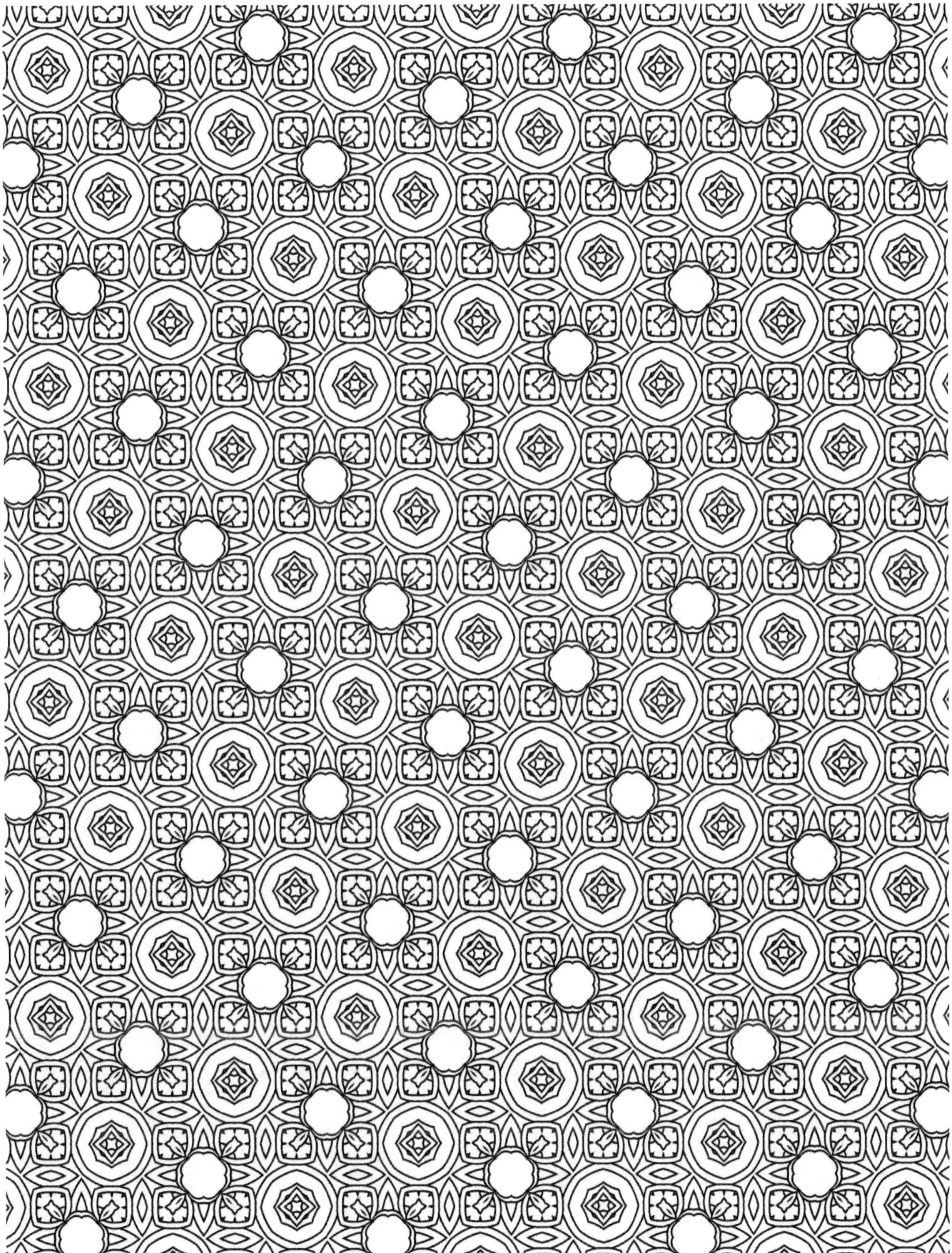

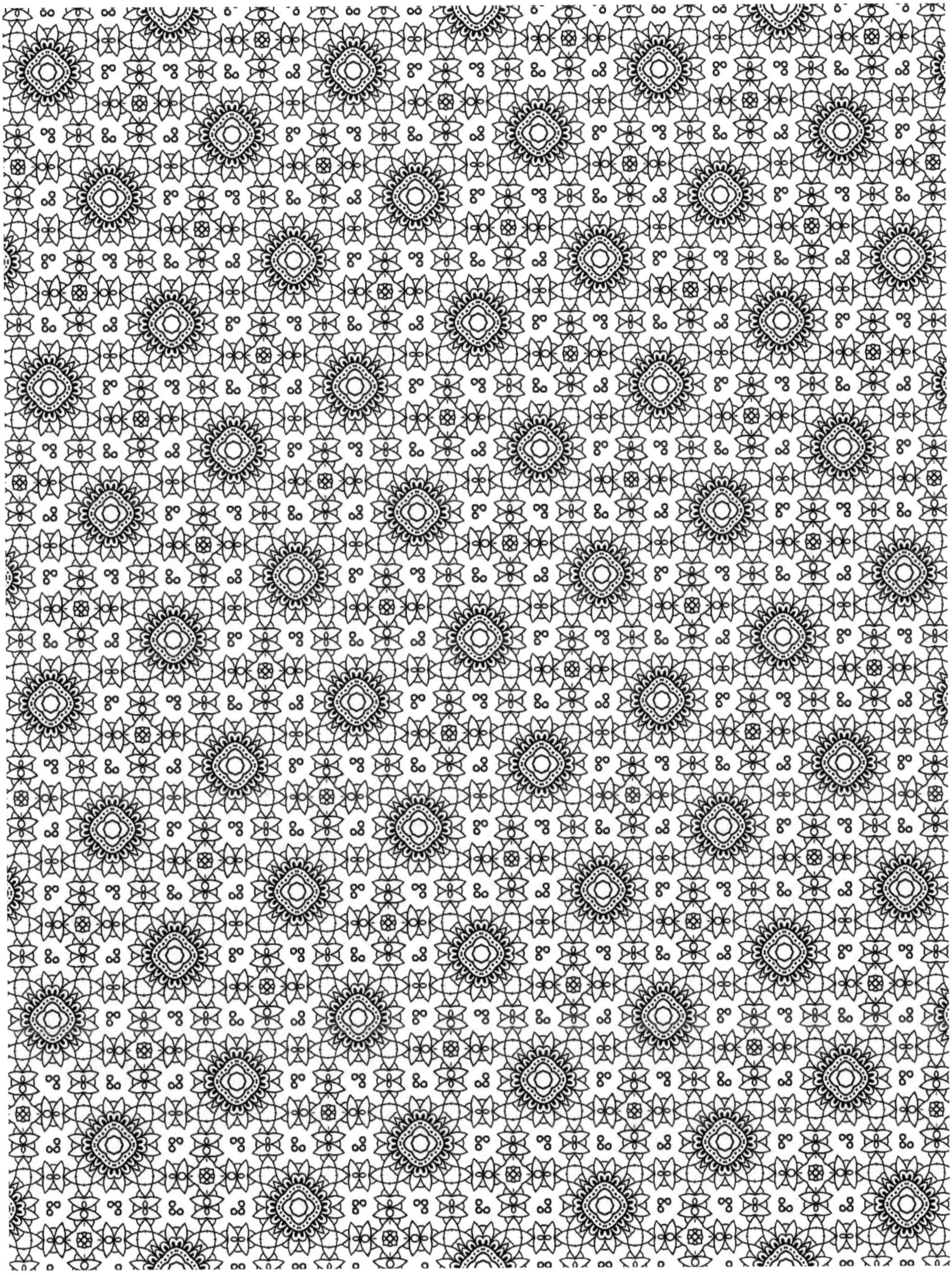

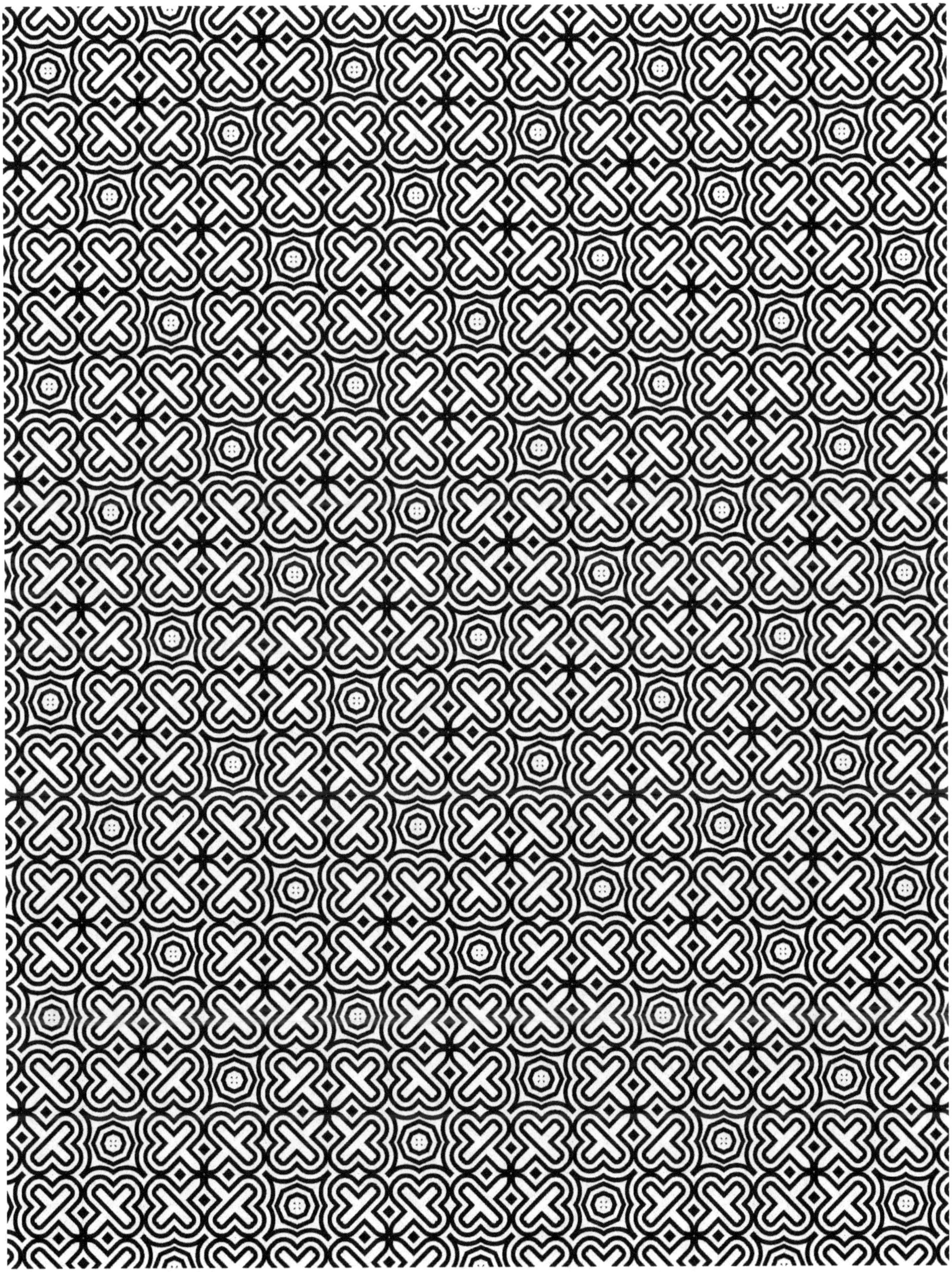

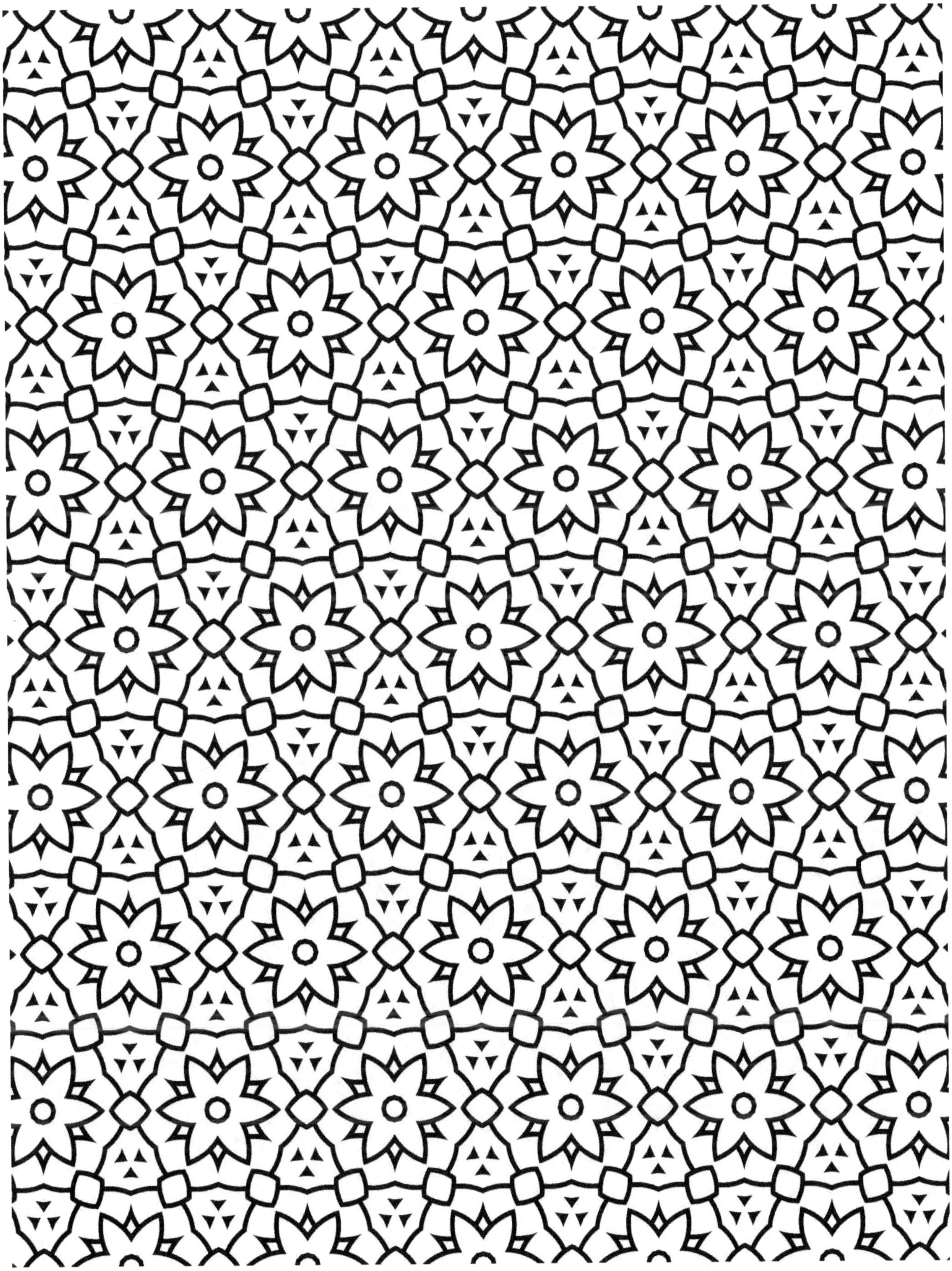

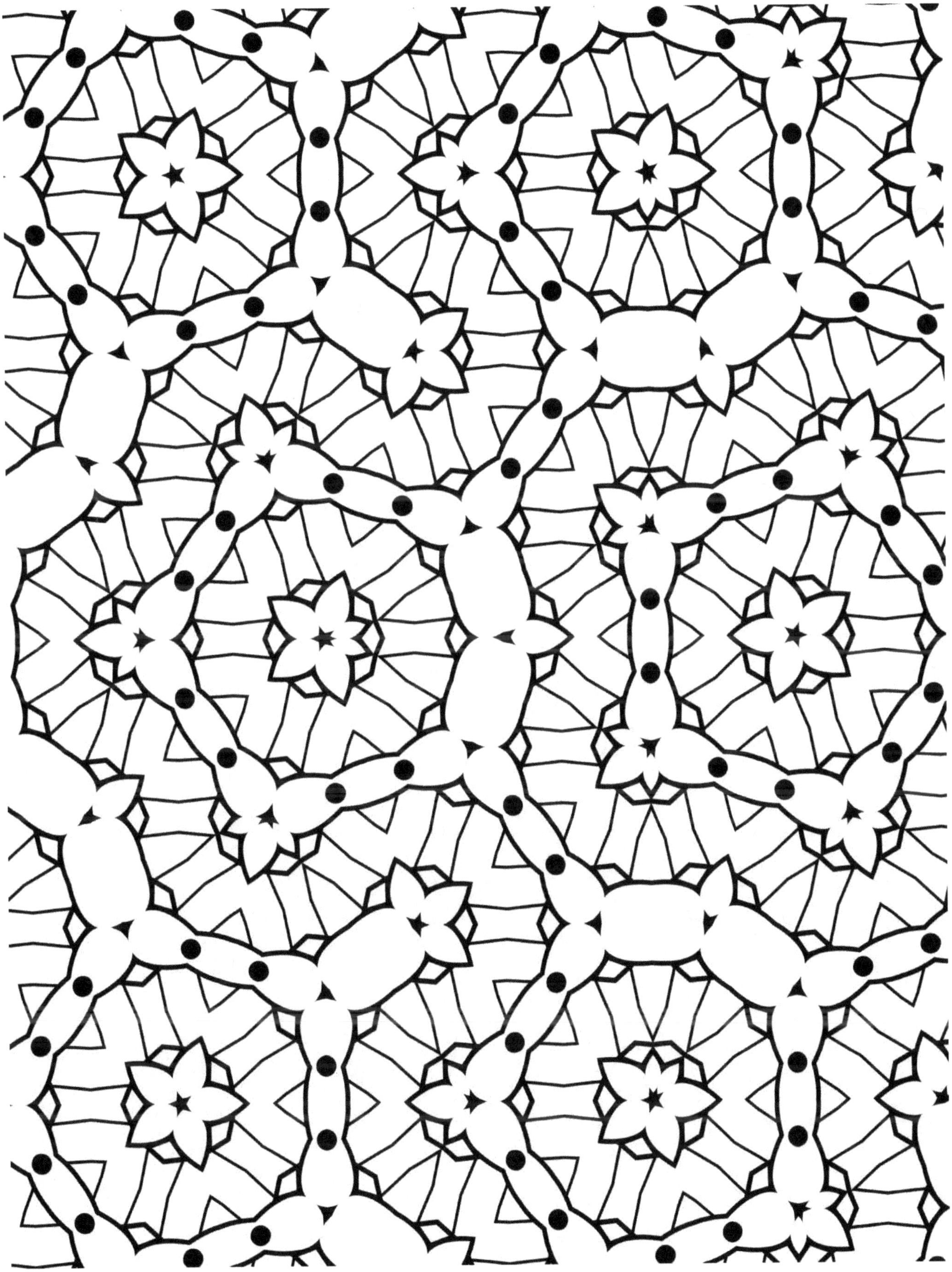

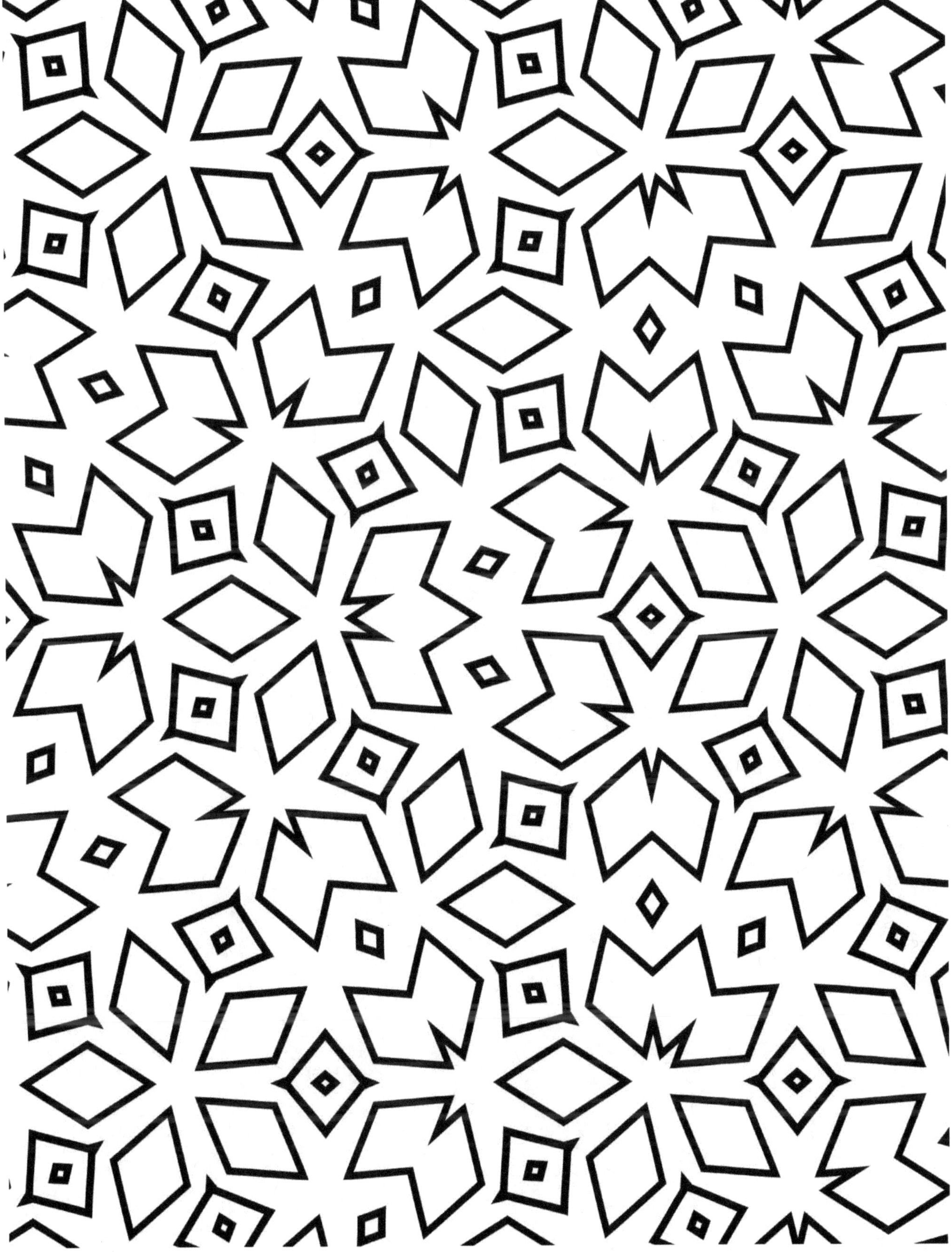

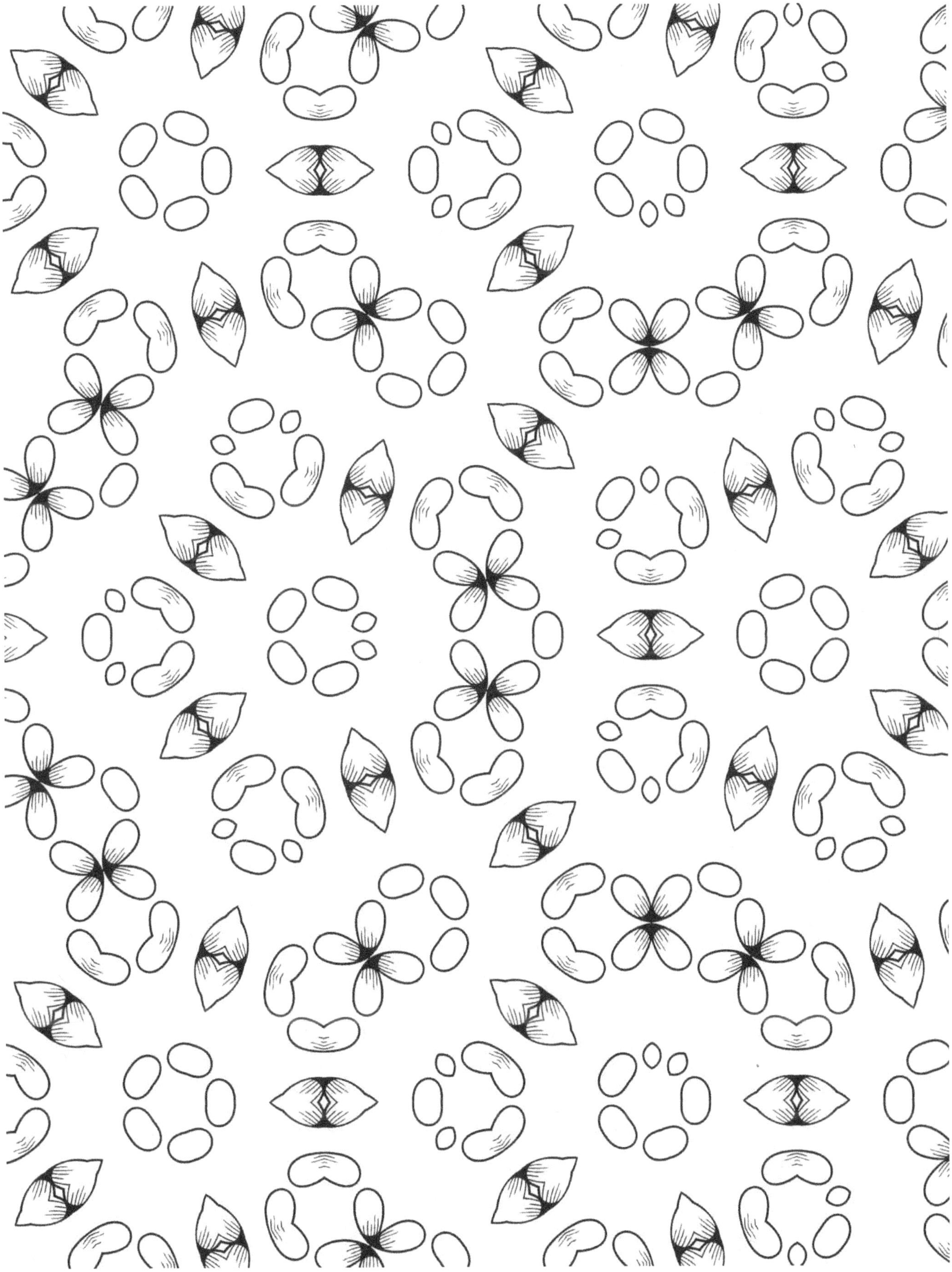

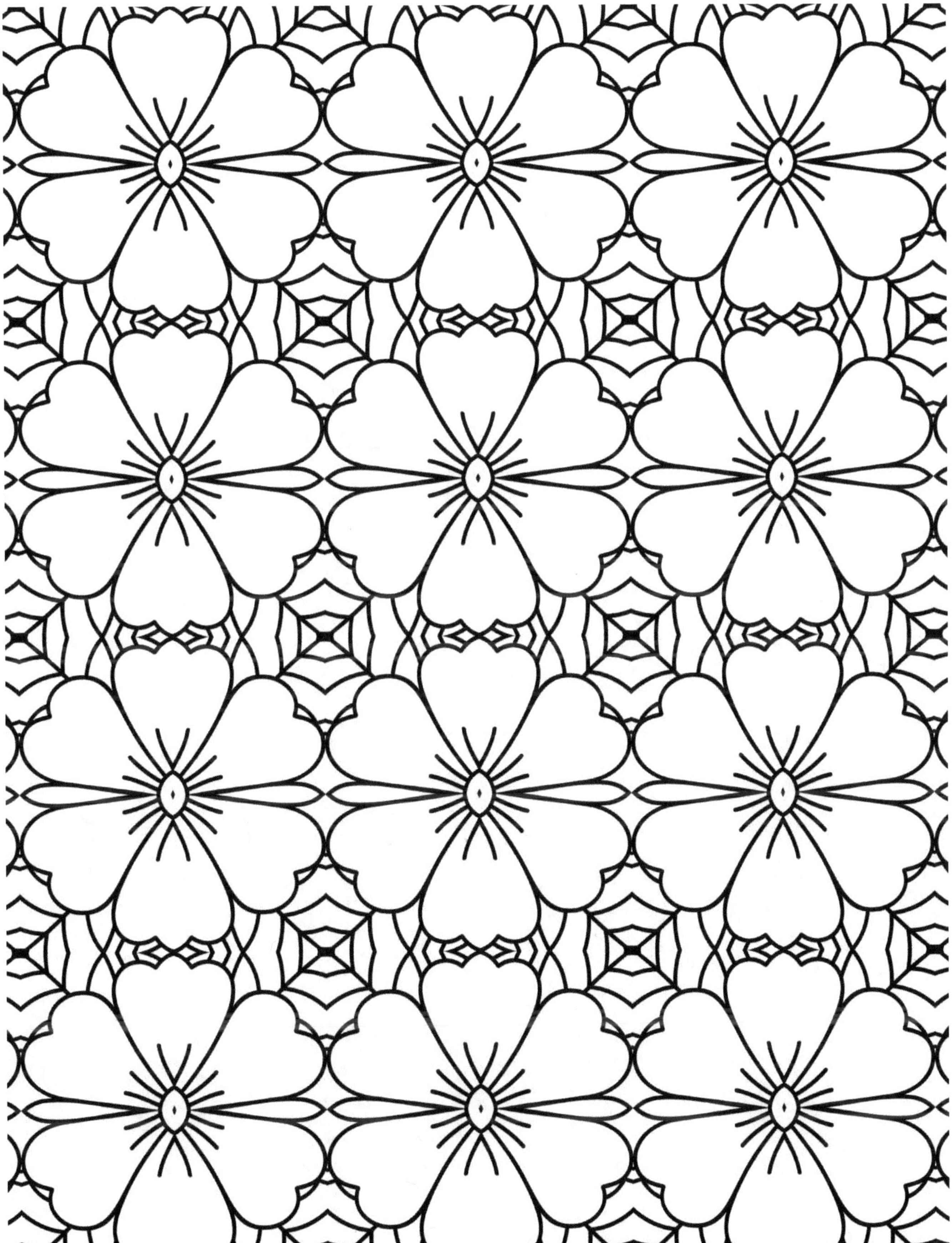

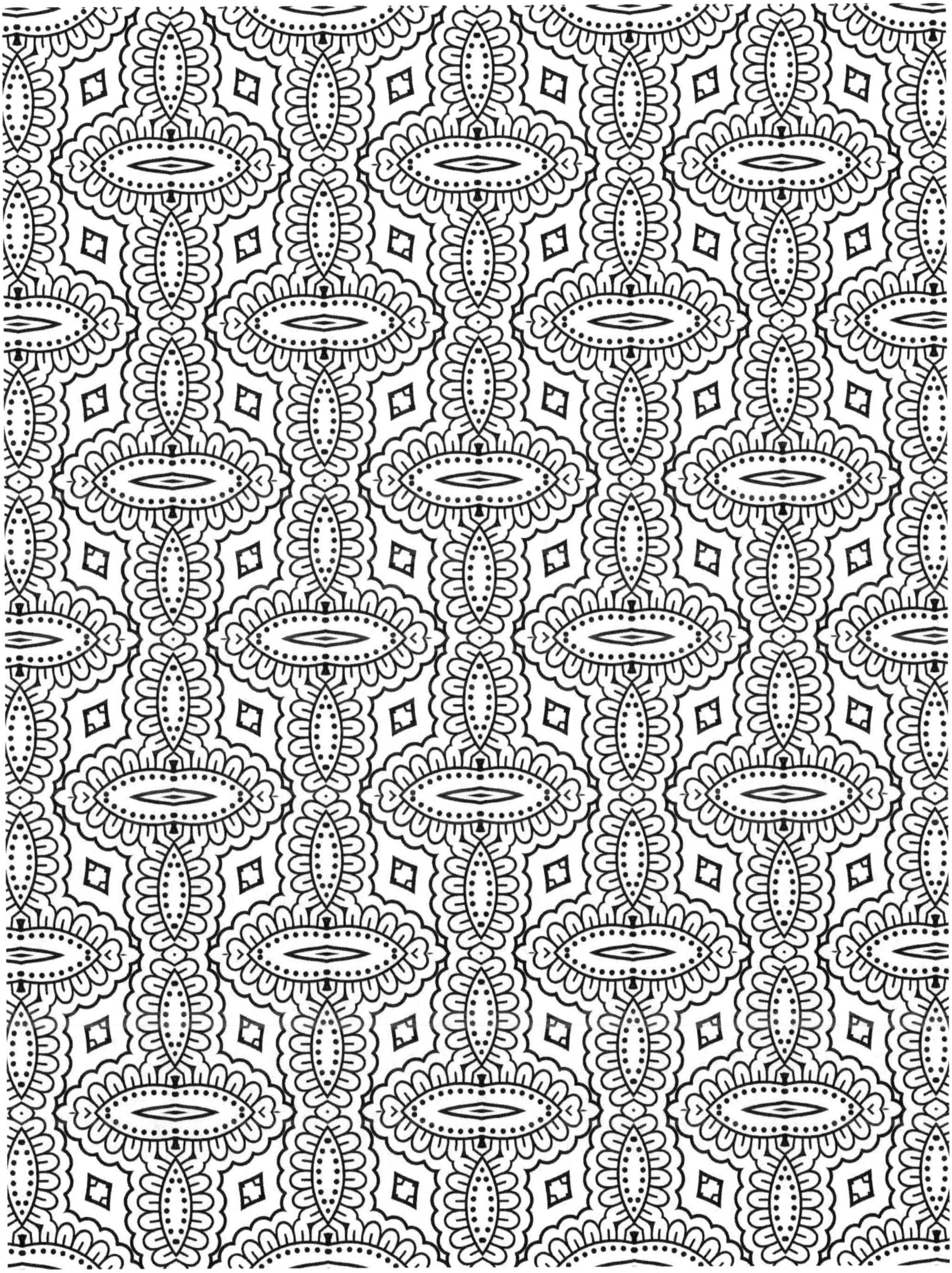

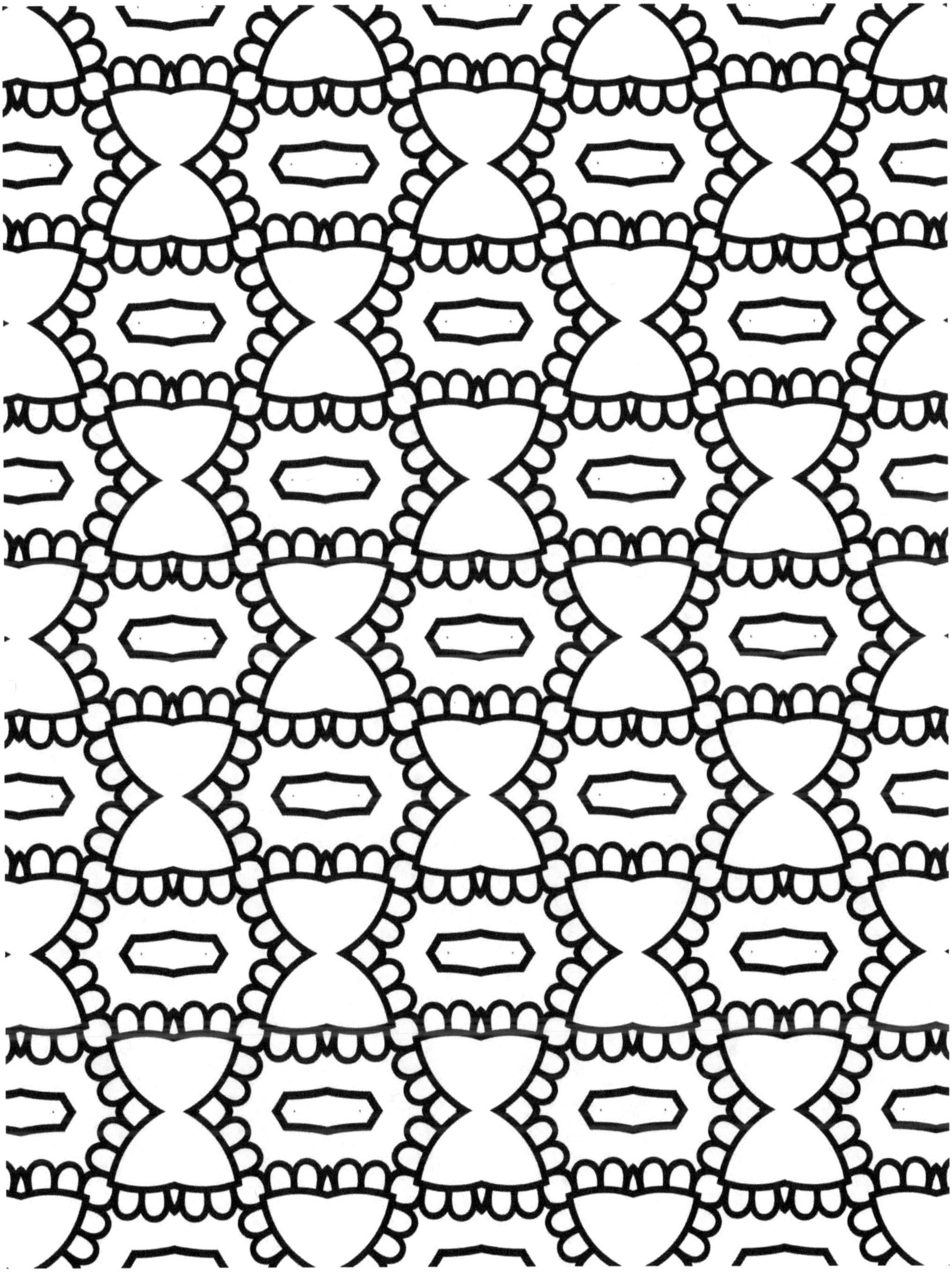

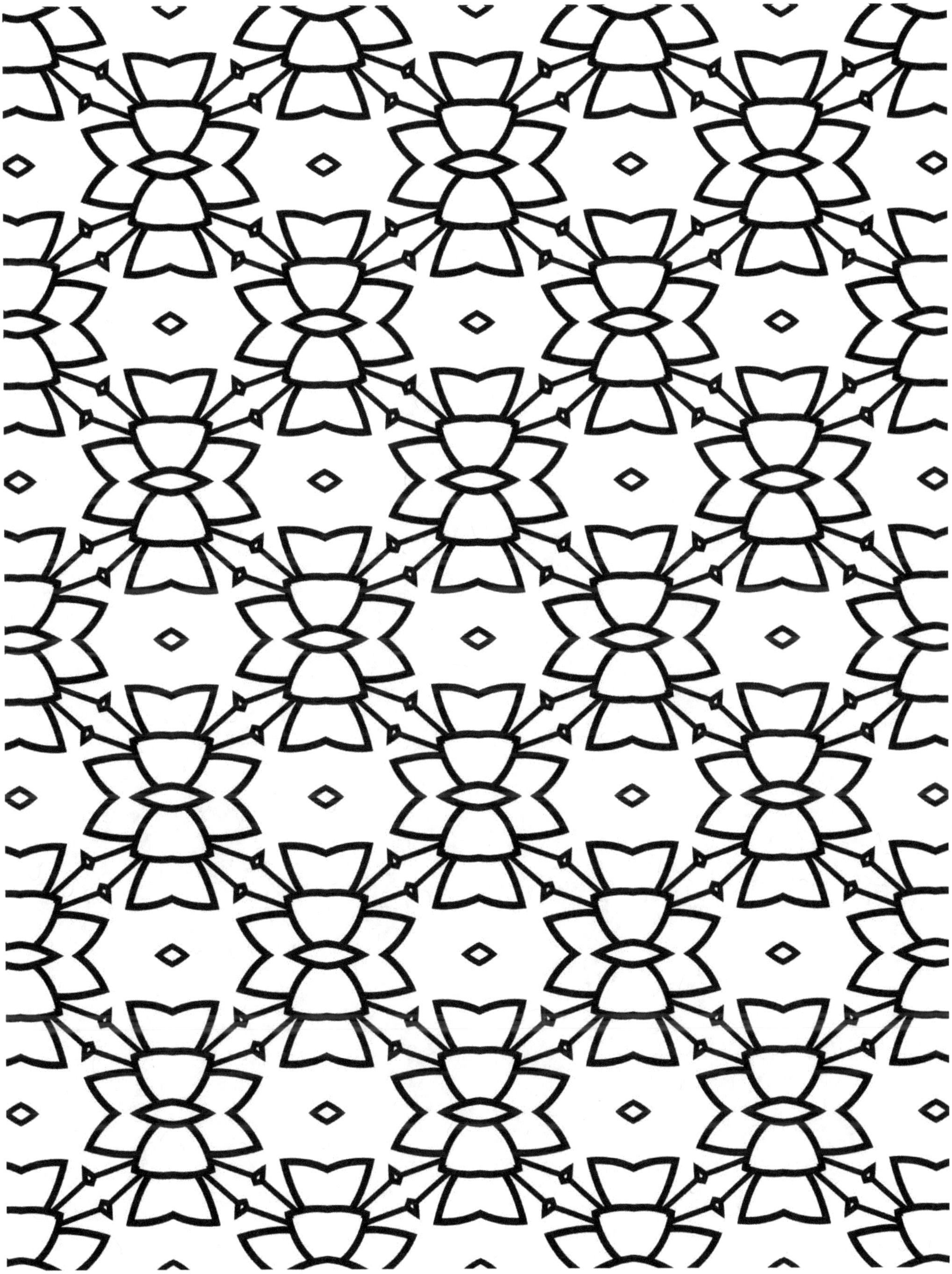

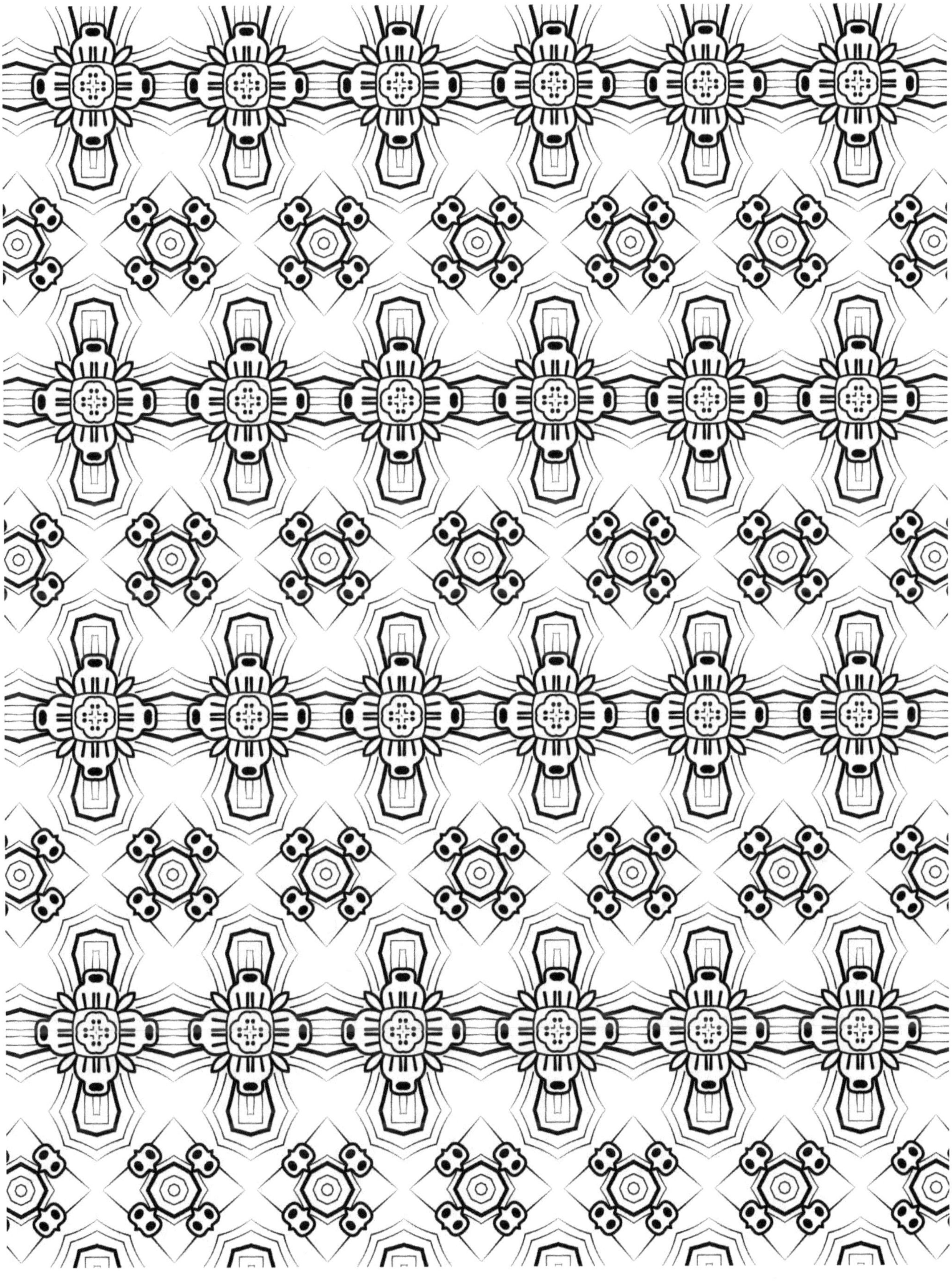

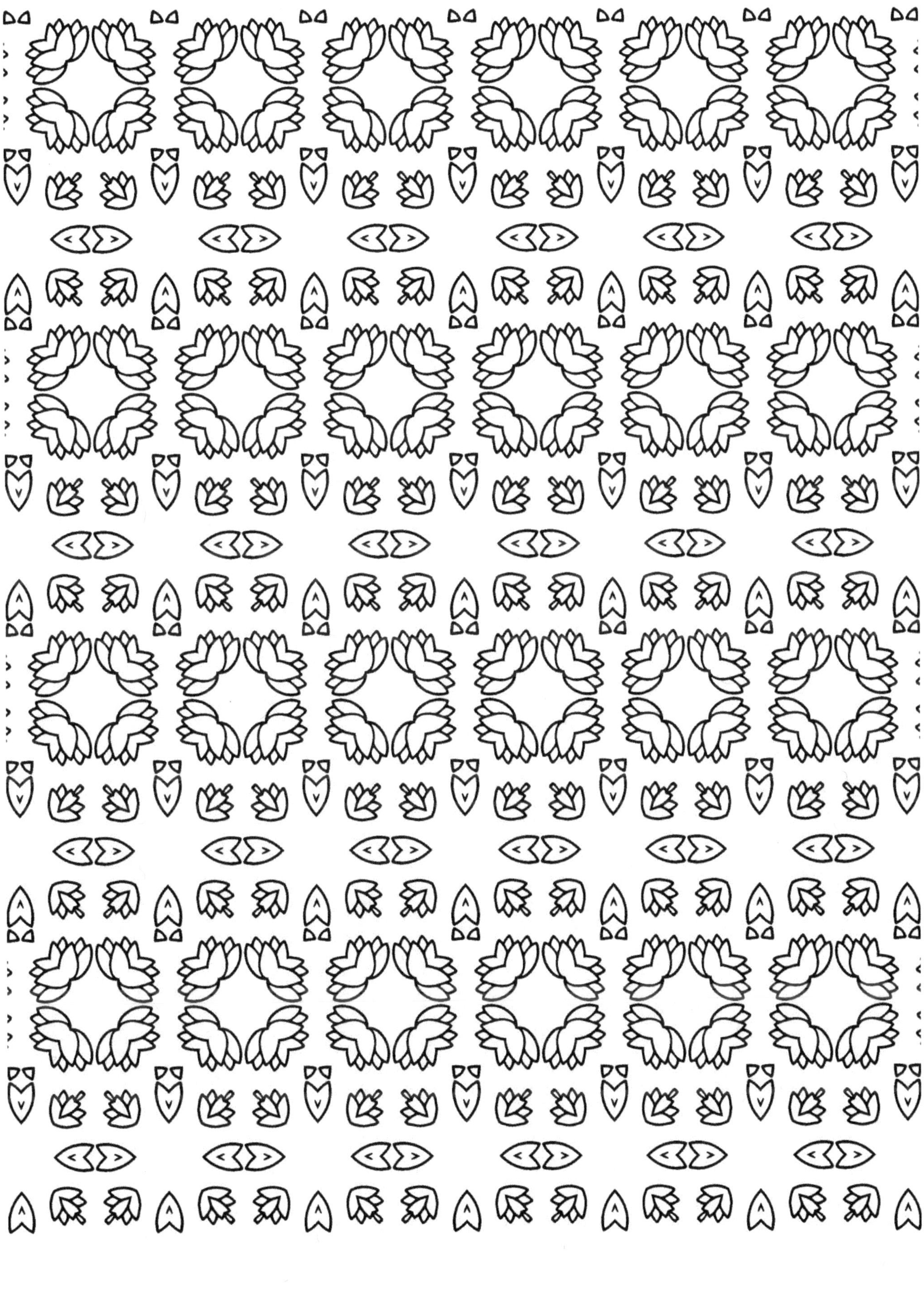

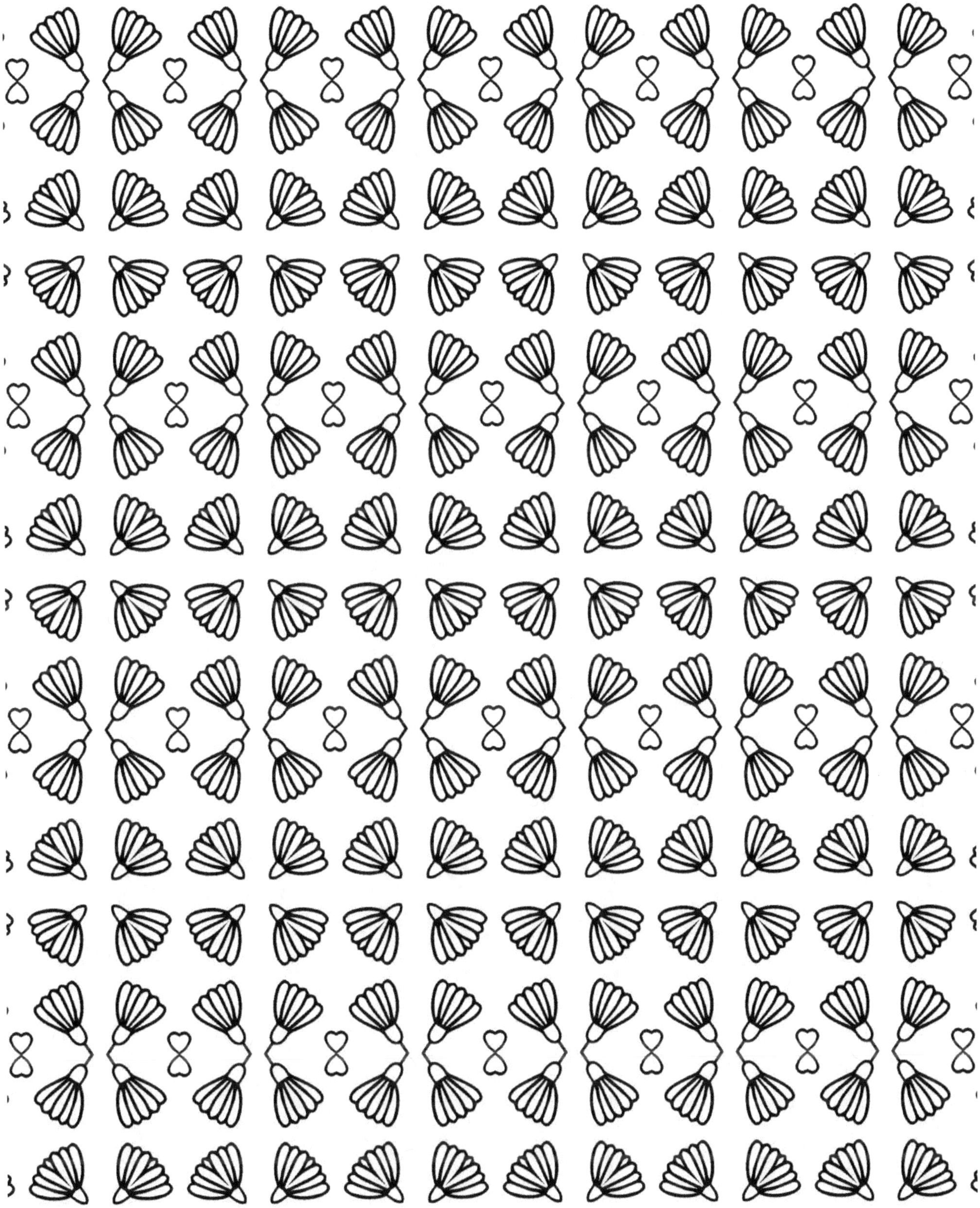

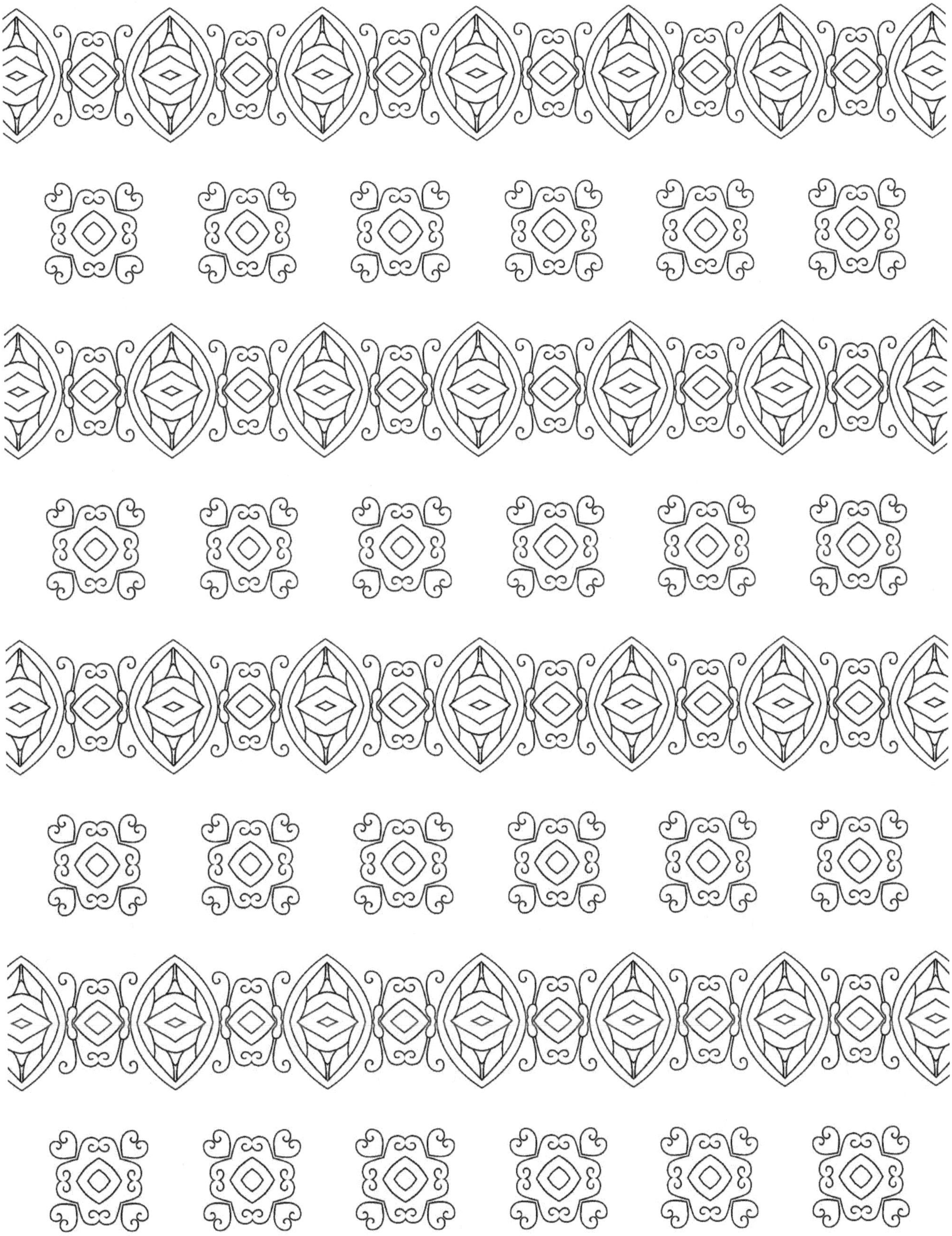

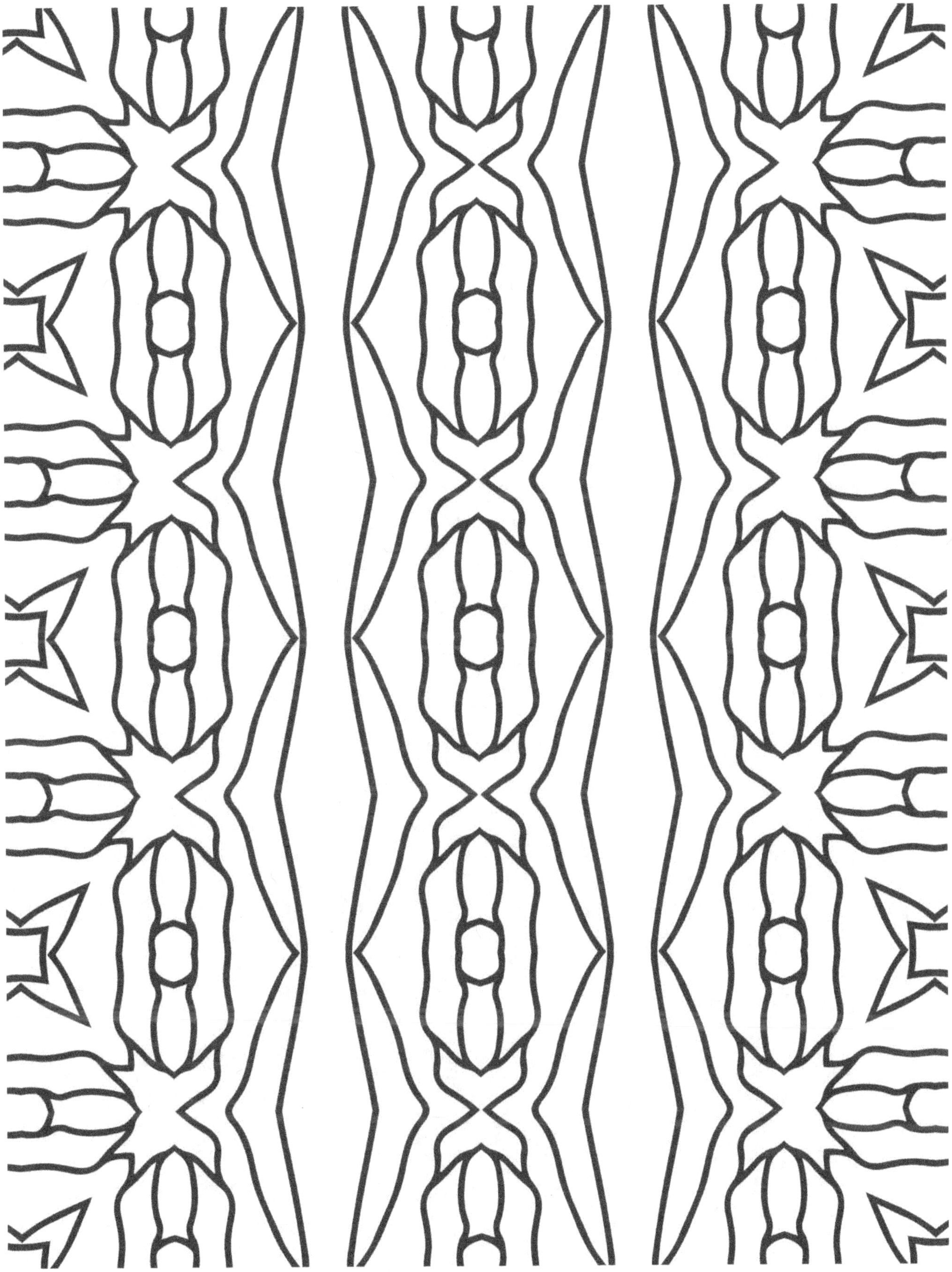

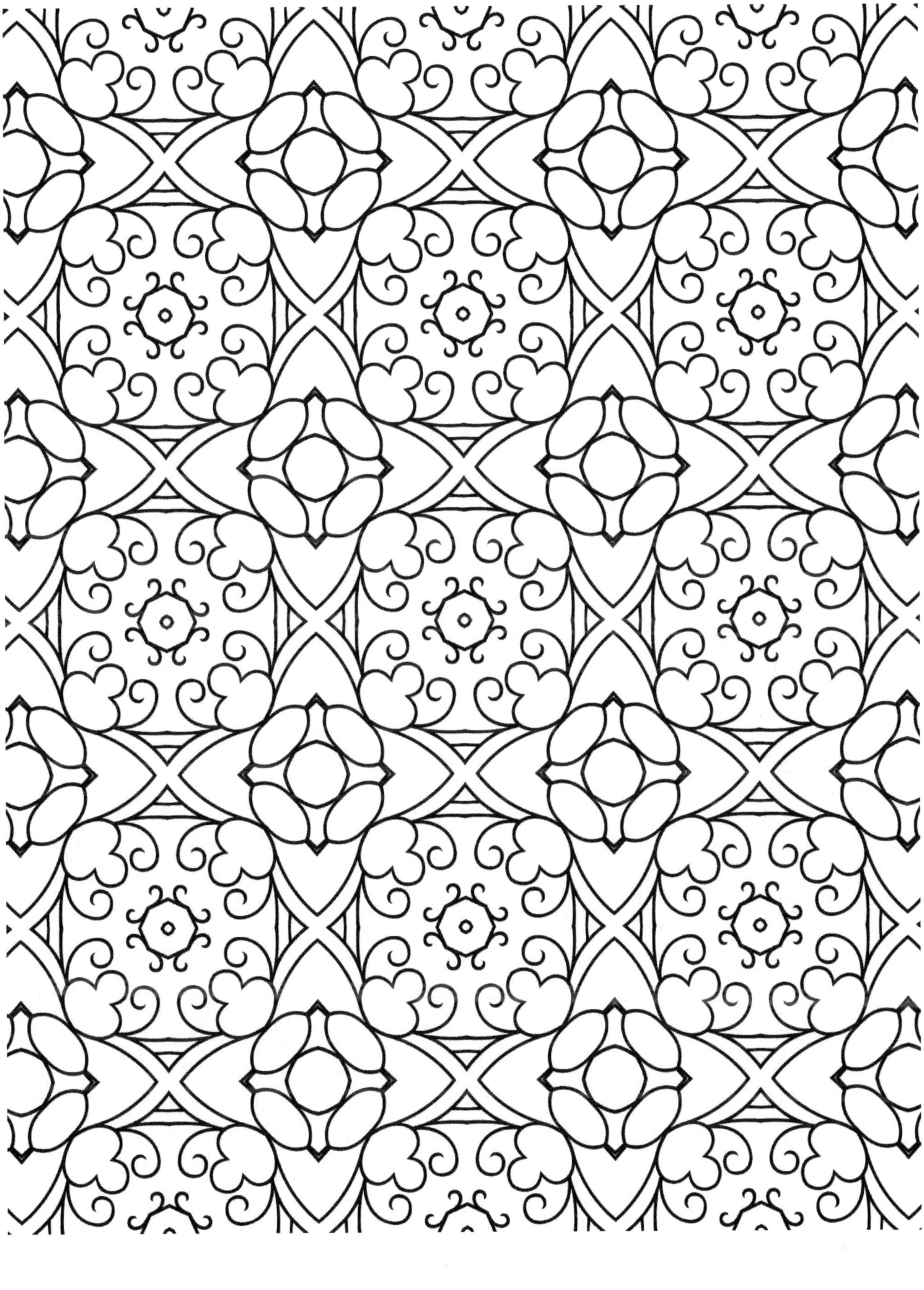

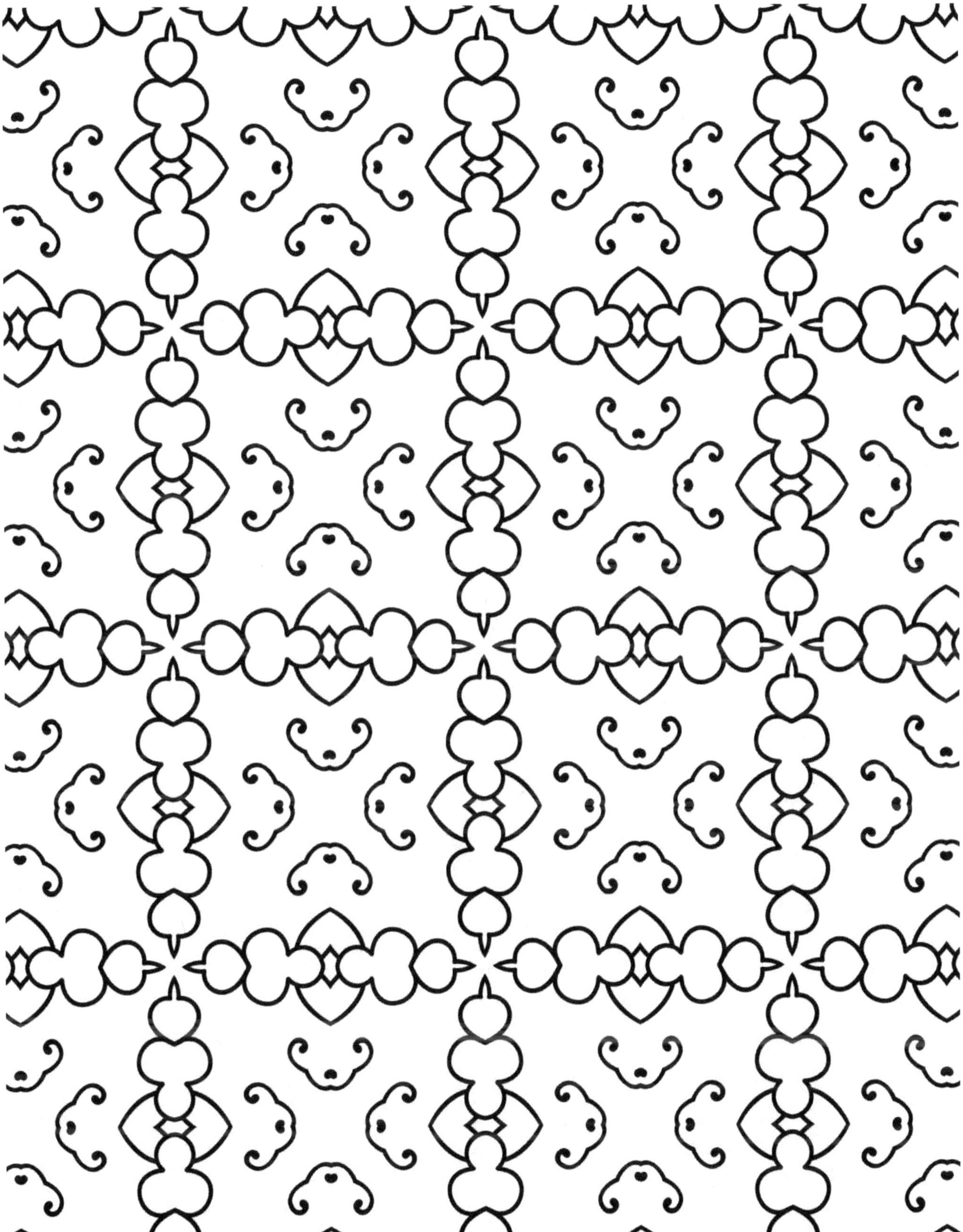

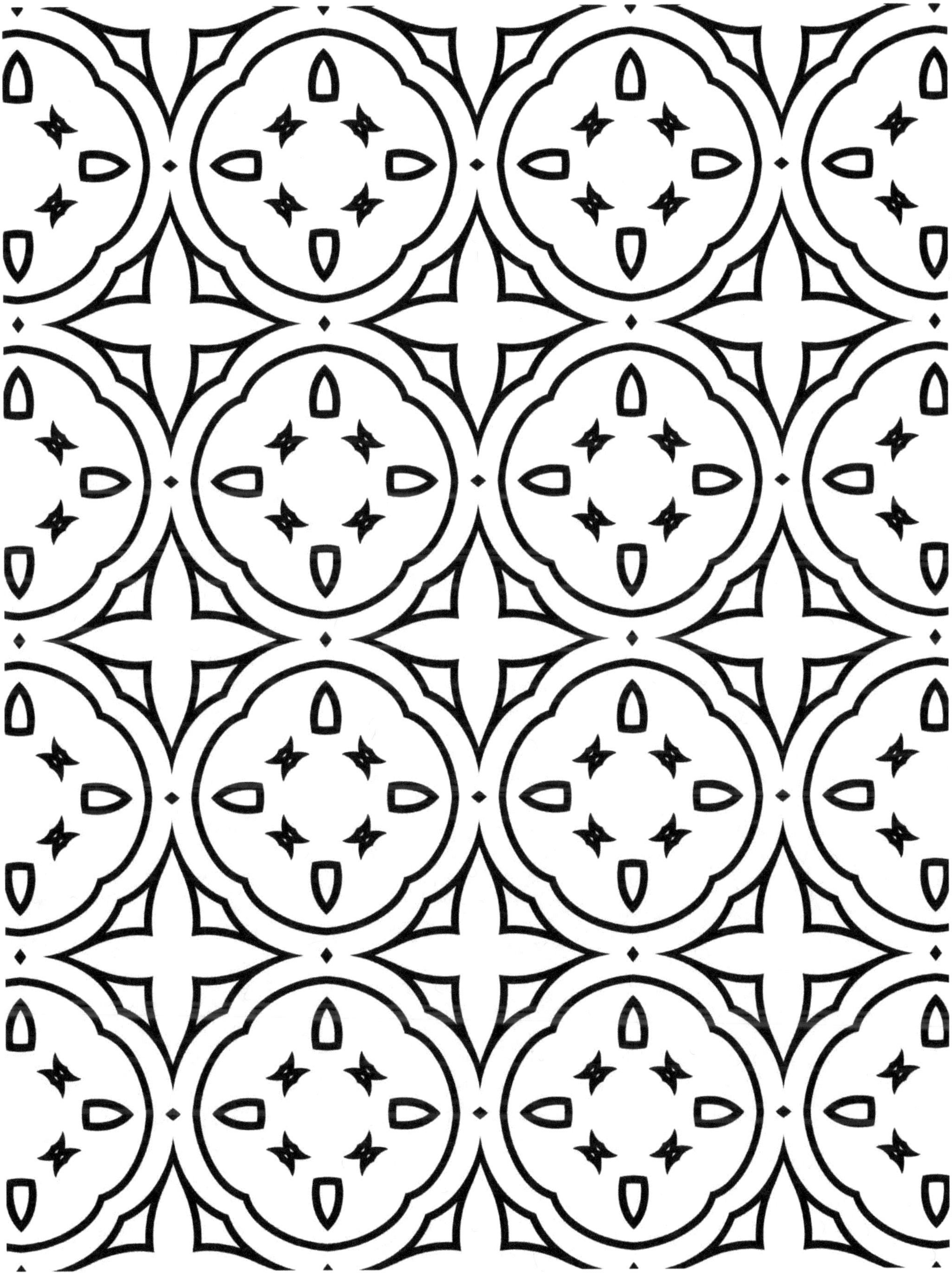

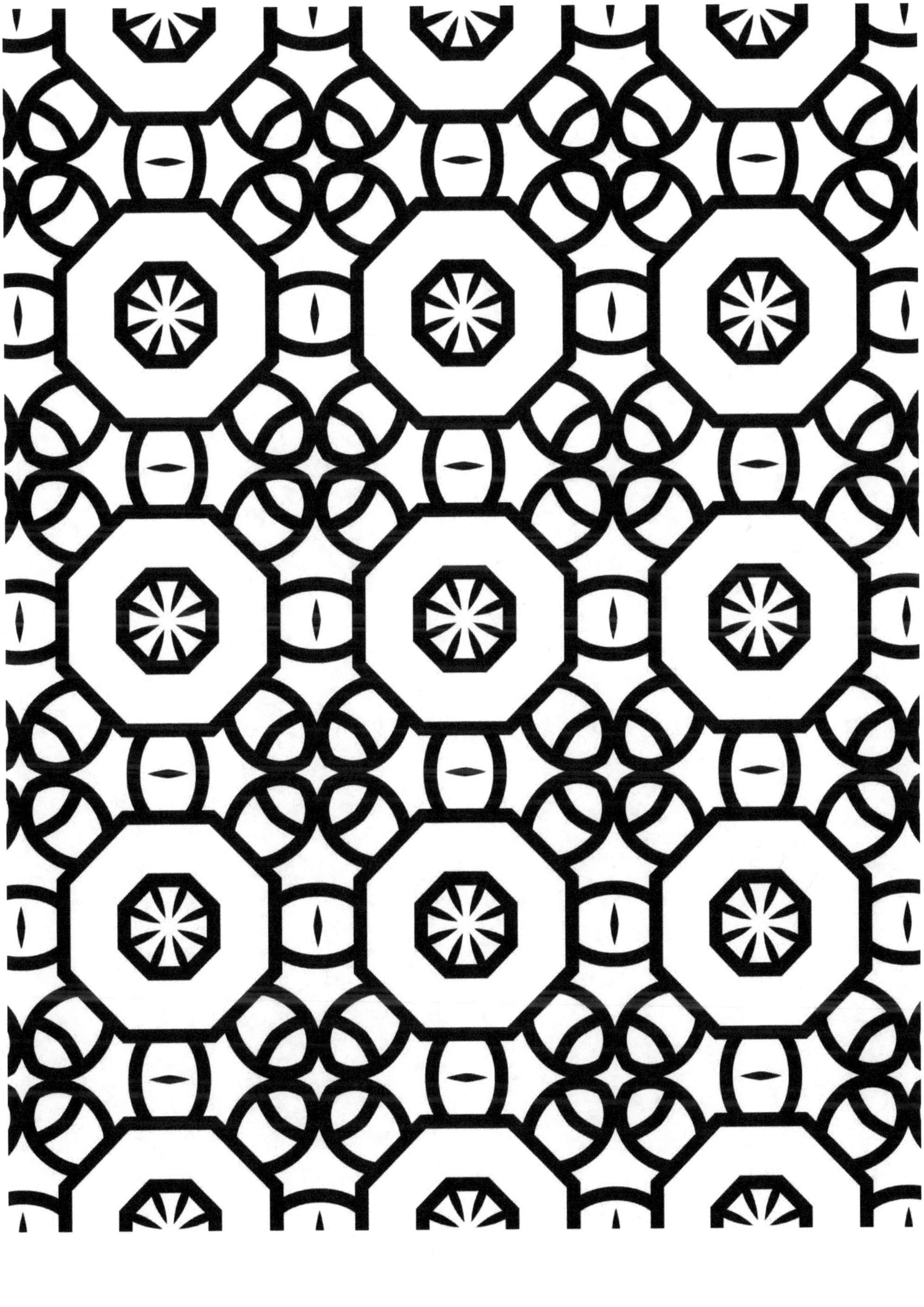

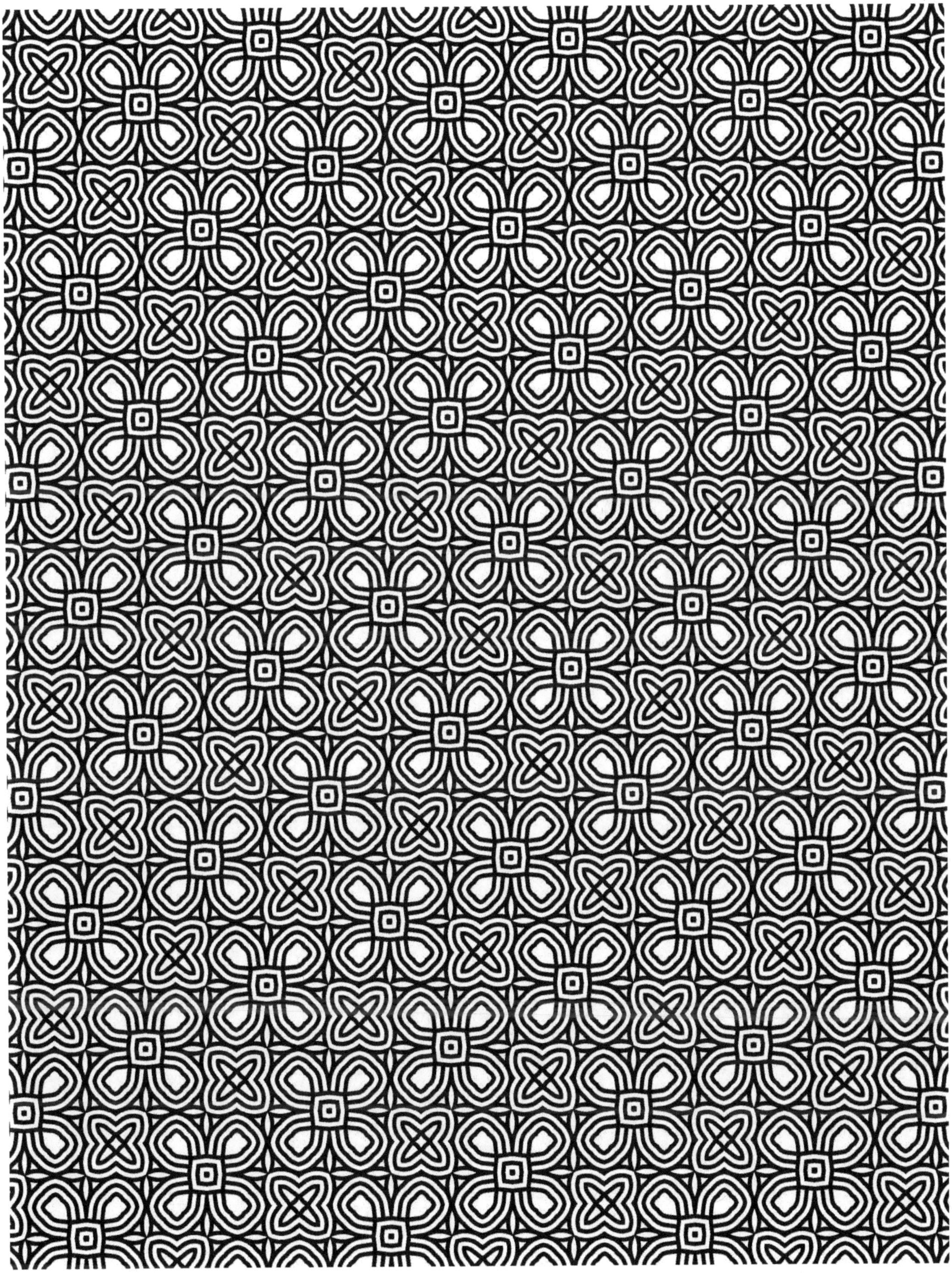

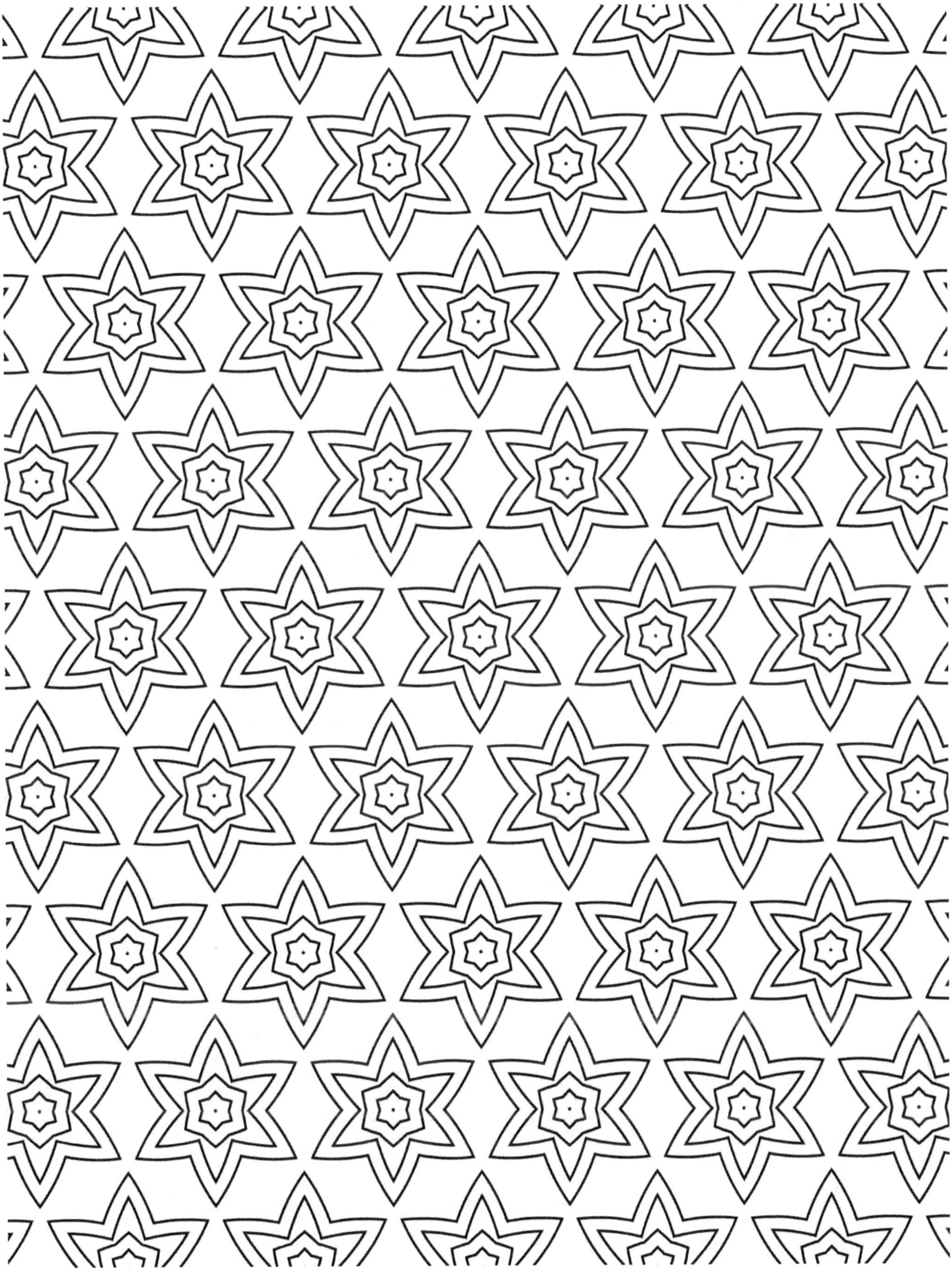

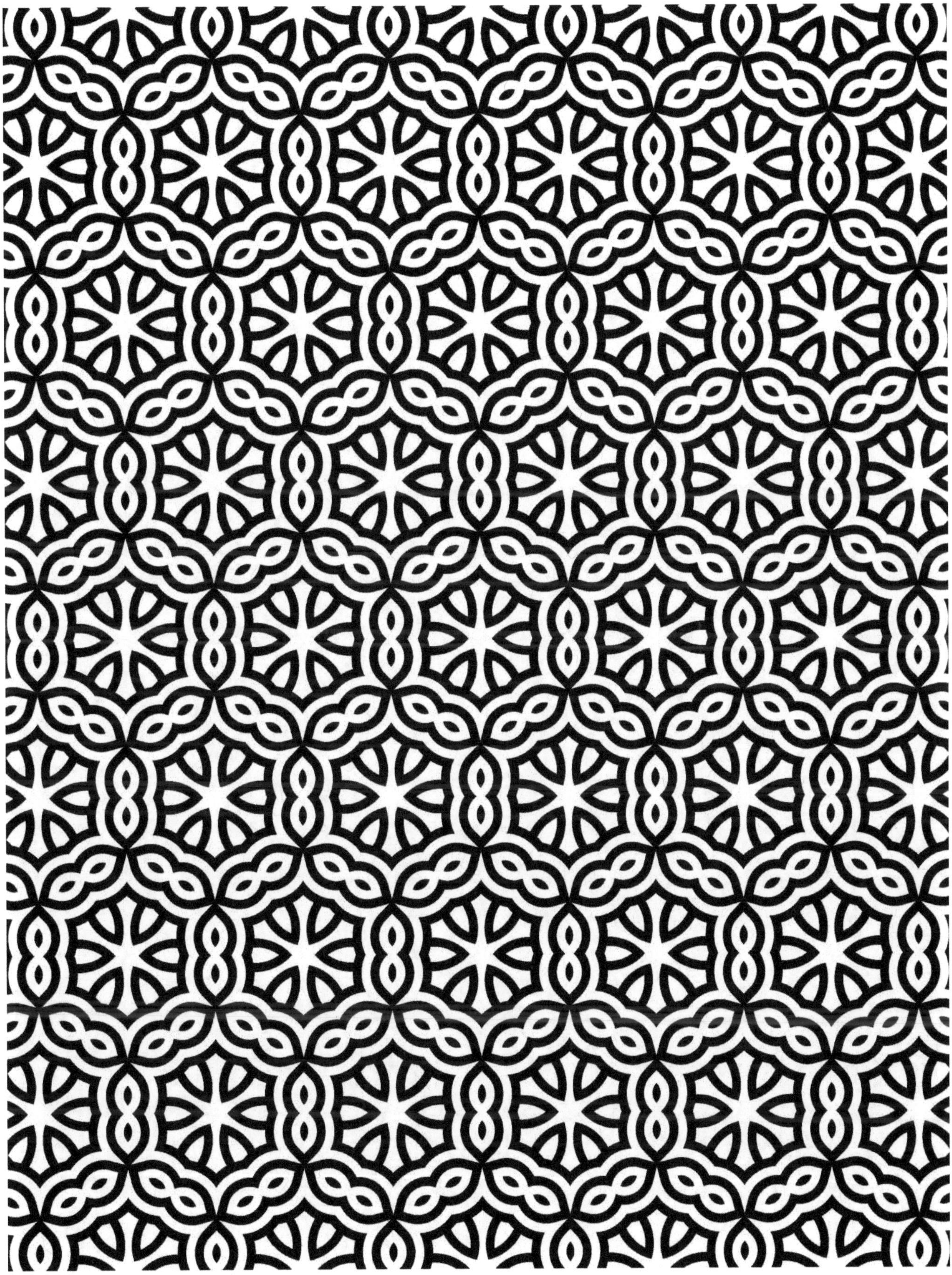

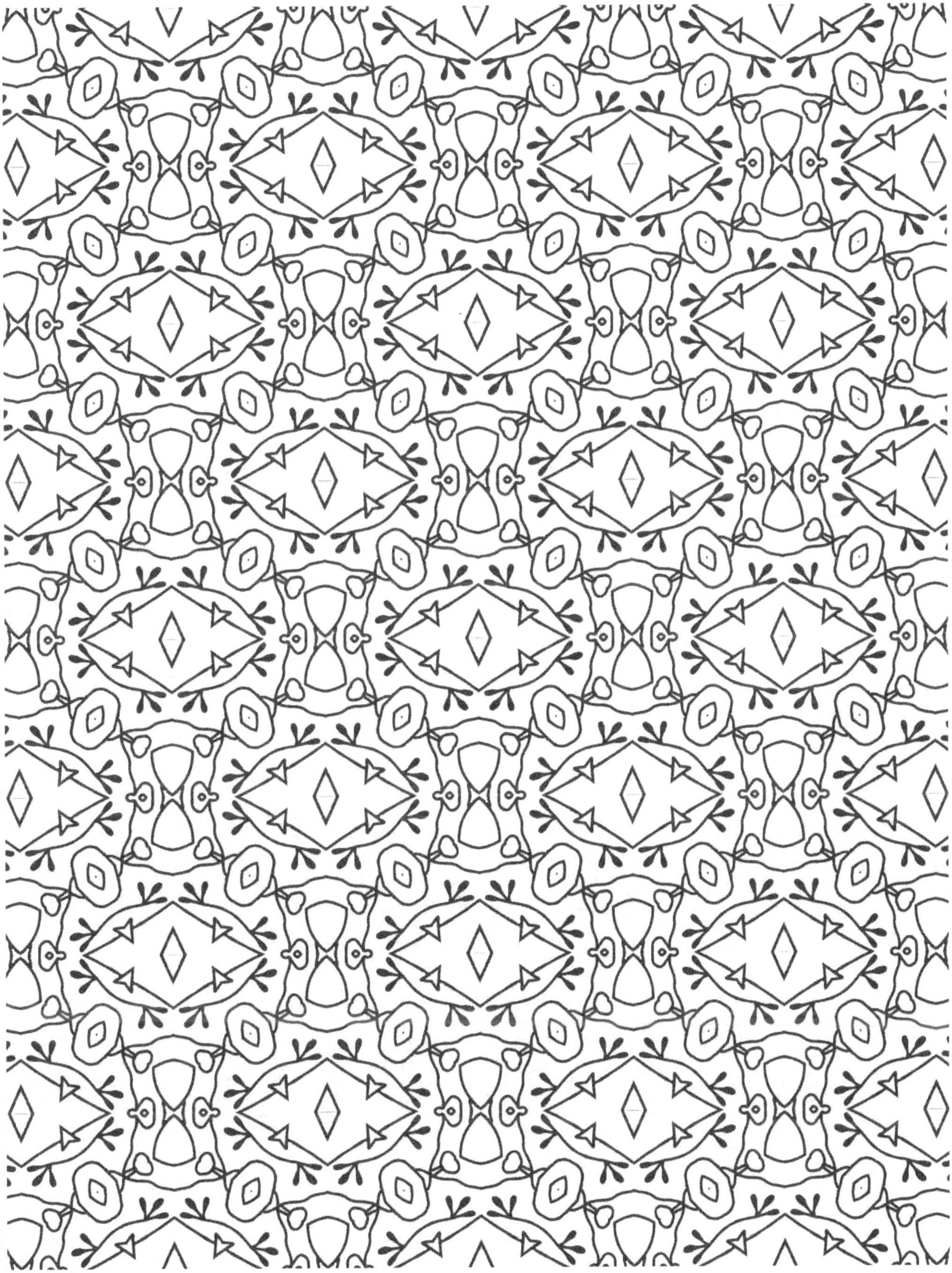

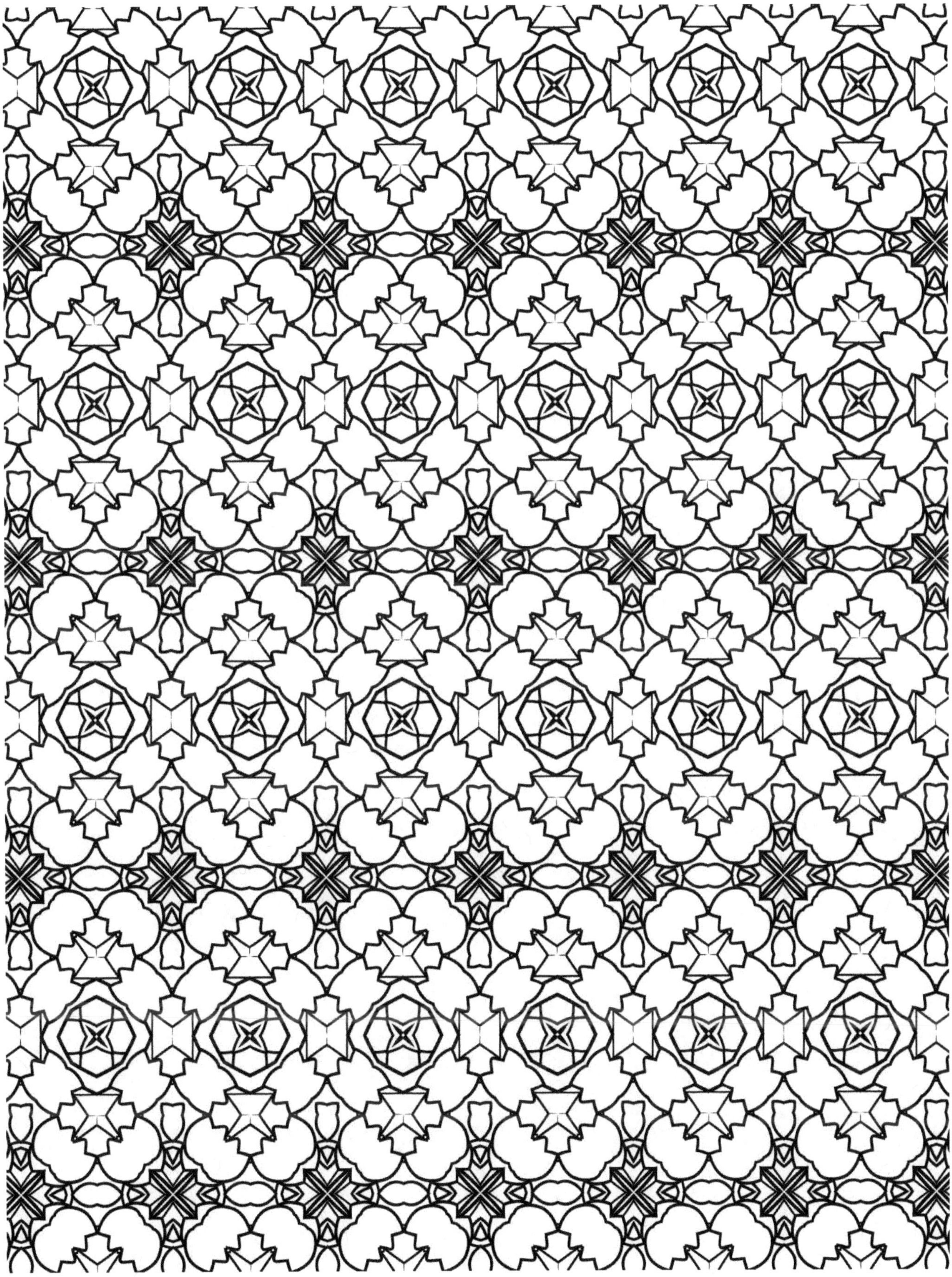

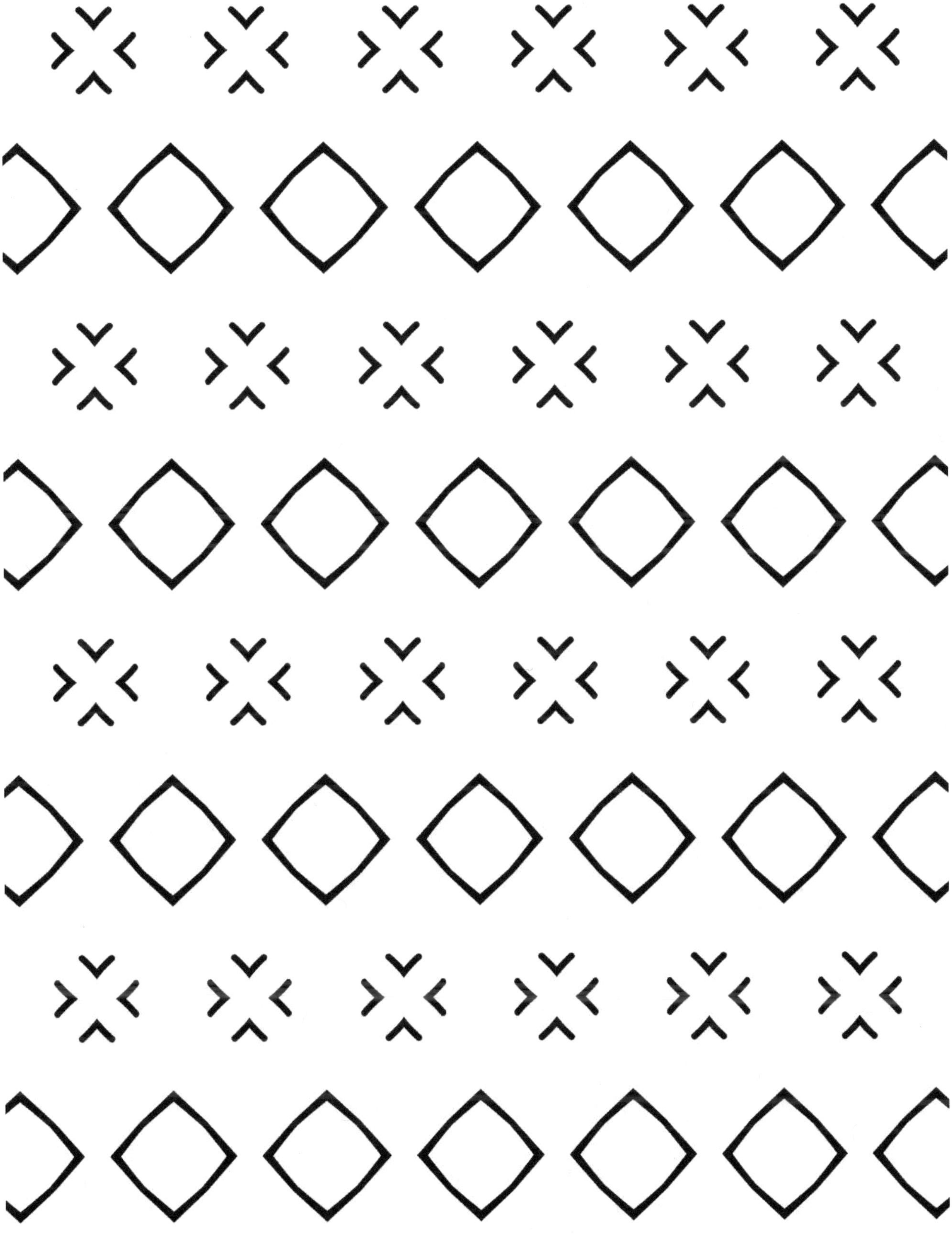

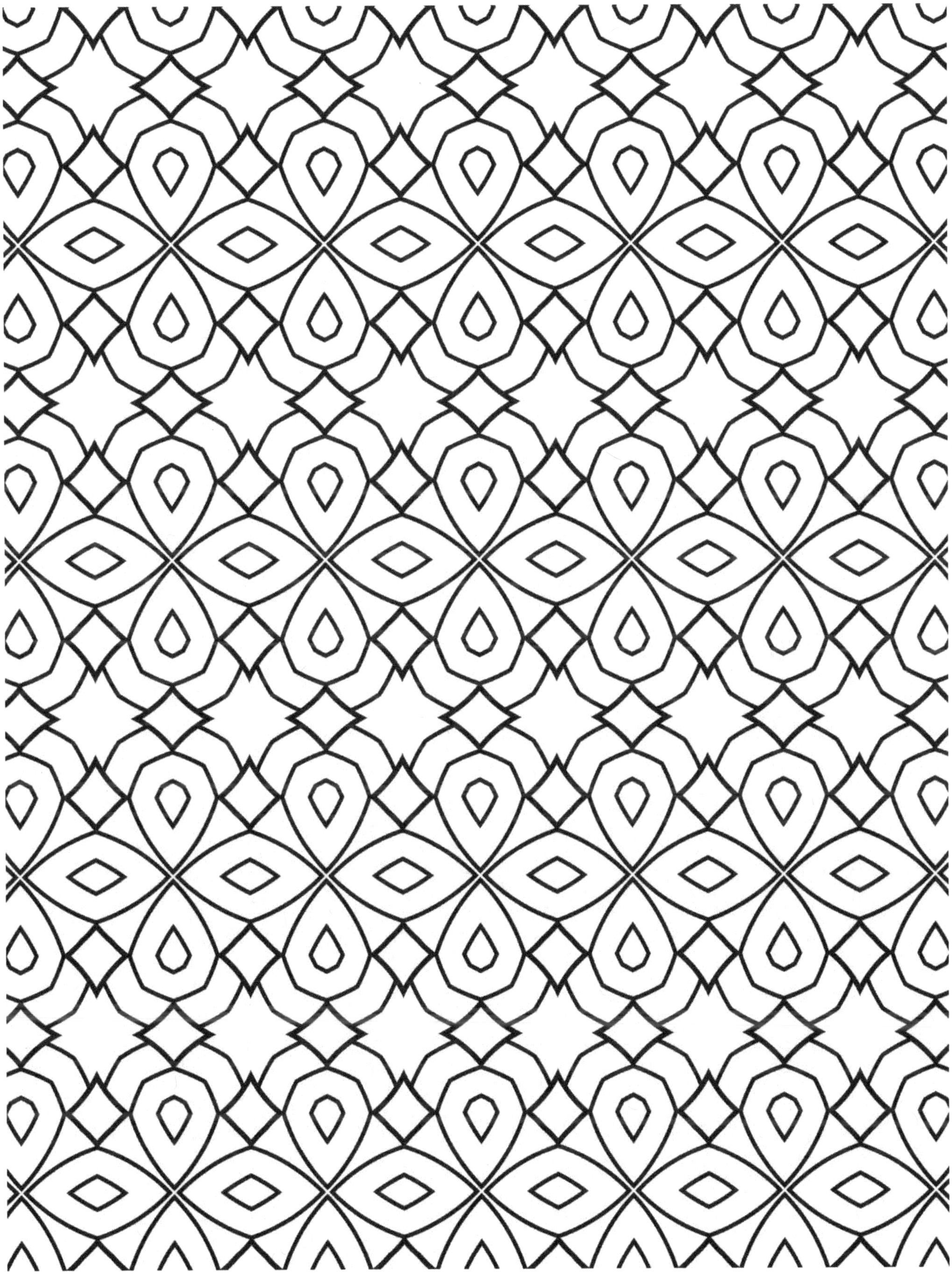

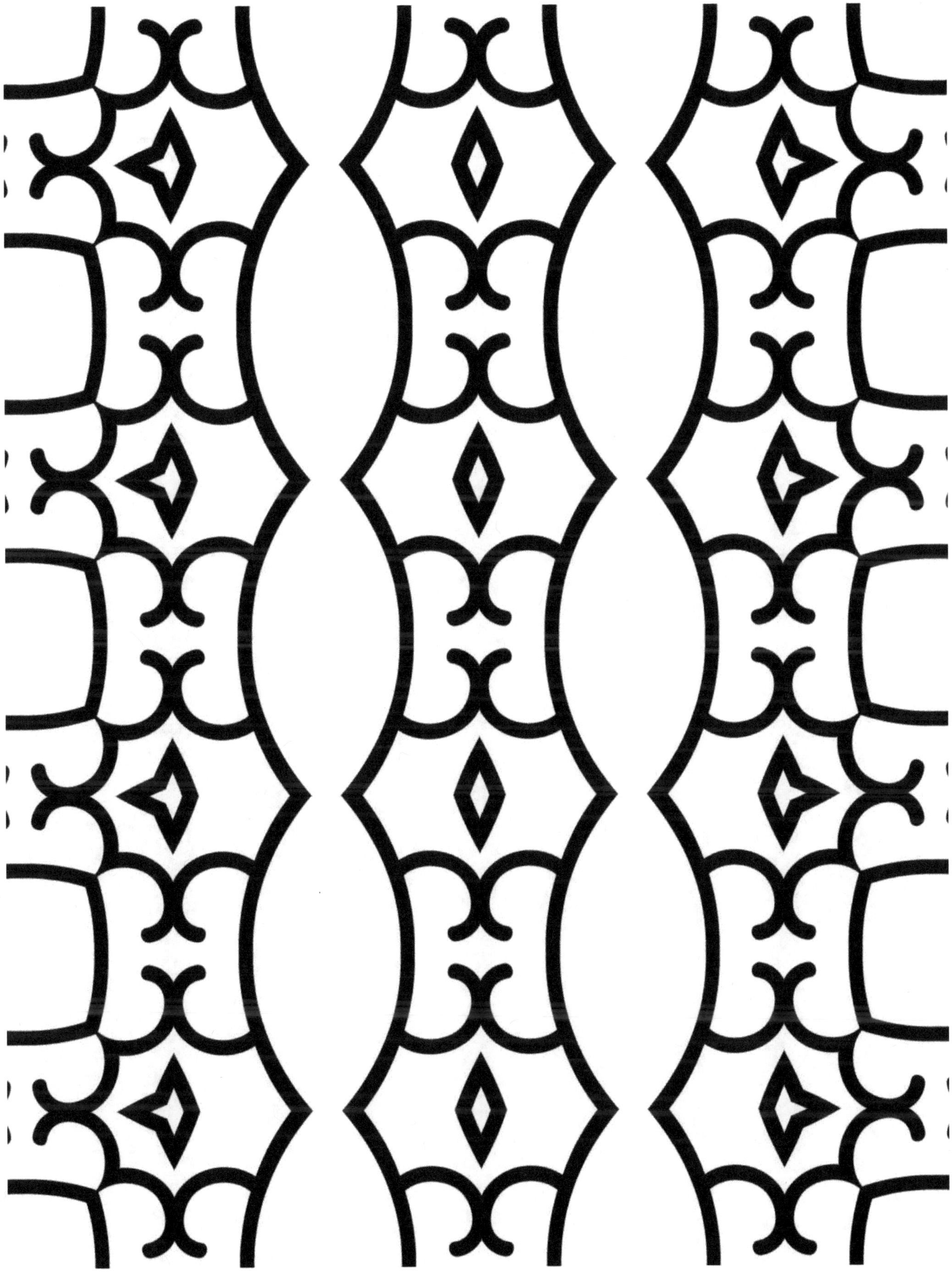

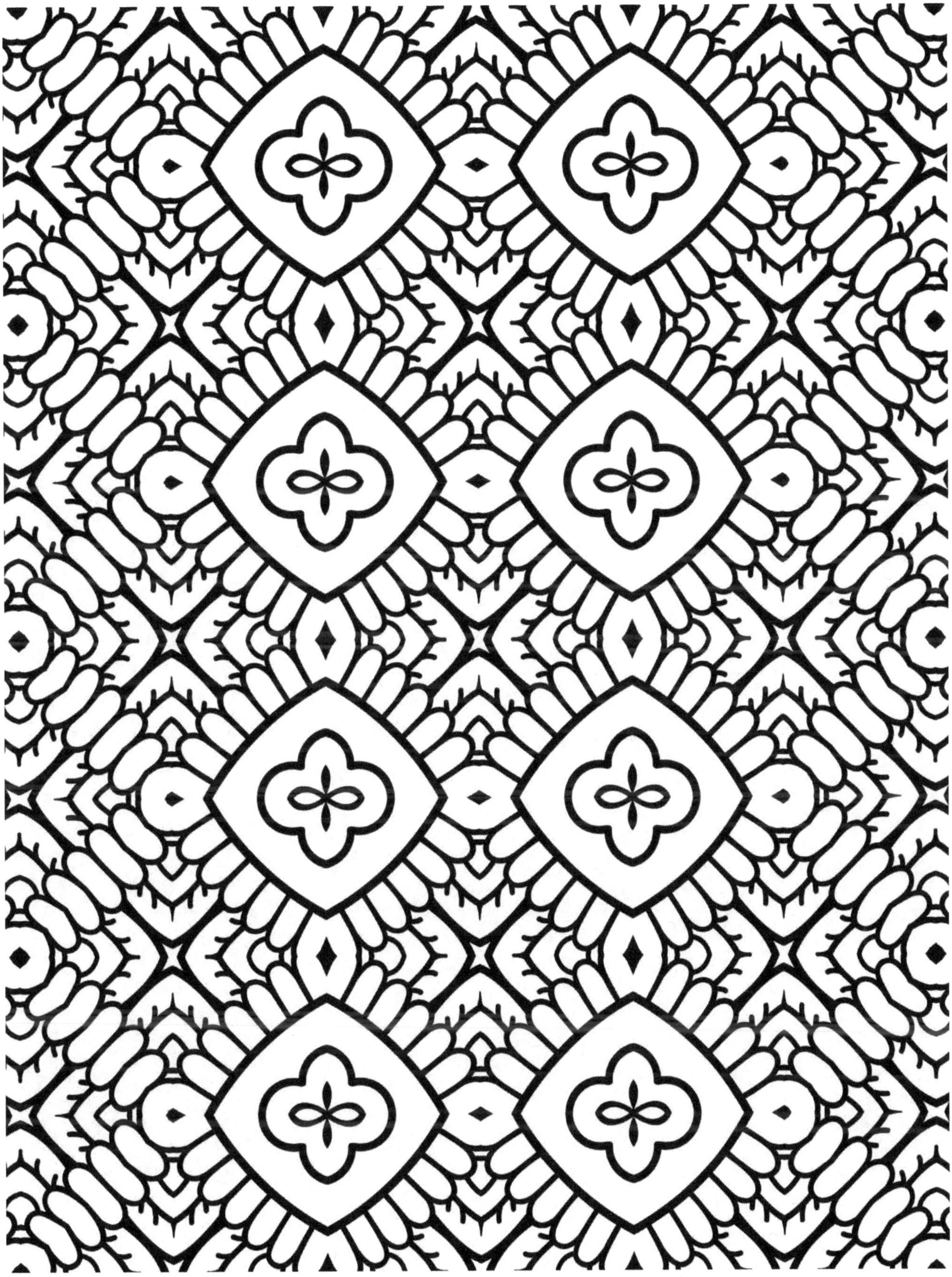

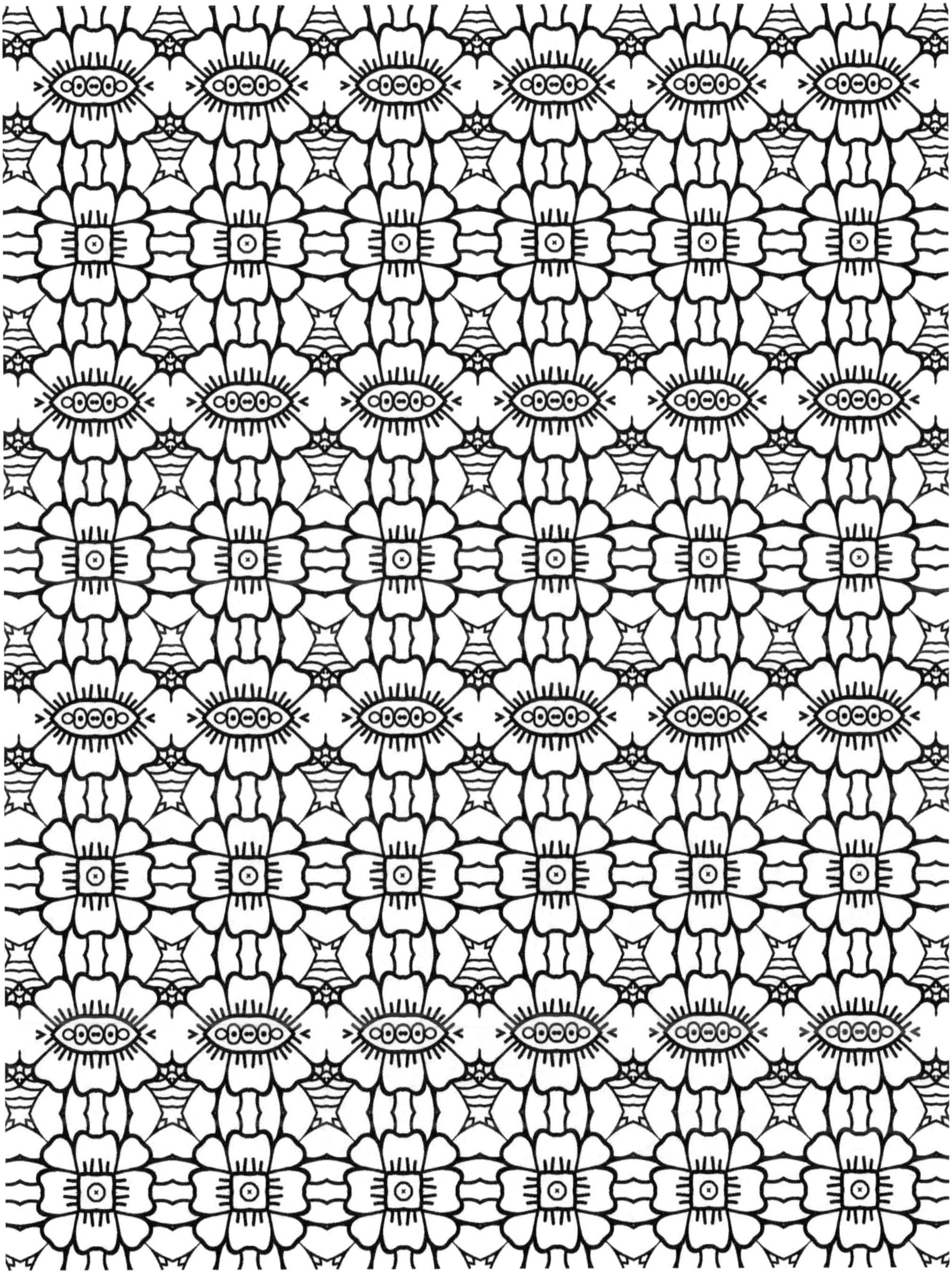

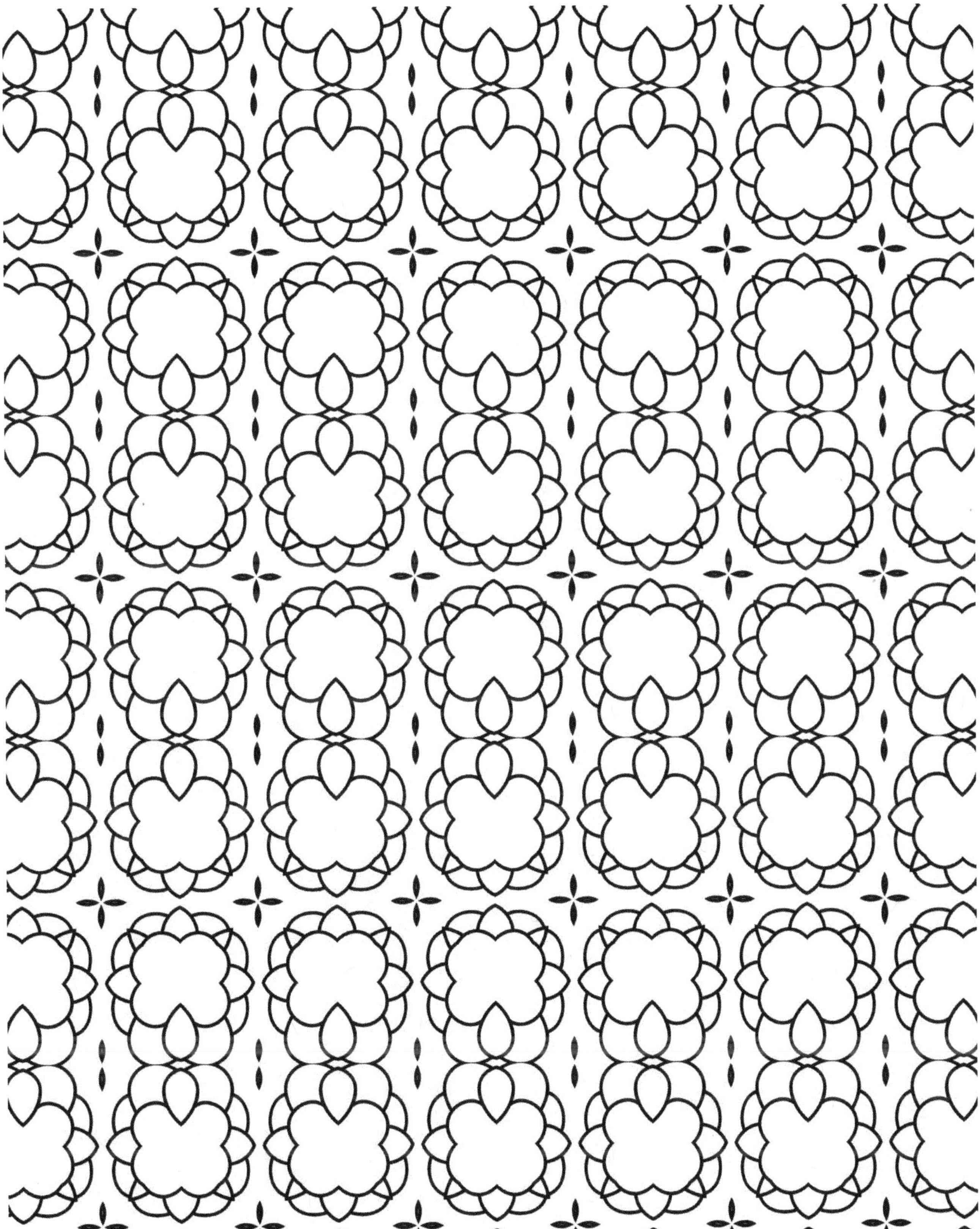

www.ingramcontent.com/pod-product-compliance
Lightning Source LLC
LaVergne TN
LVHW081800050326
832903LV00027B/2032
* 9 7 9 8 5 5 1 8 9 6 5 4 8 *